溝口雄三的
中國思想史
研究

探尋歷史的「基體」

孫歌——著

目錄

我的「批判知識分子」歷程

閱讀孫歌《探尋歷史的「基體」：溝口雄三的中國思想史研究》的一些外緣感受與反思

趙剛

　　這是一篇非典序言，因為並未直接對正文做一般應有的介紹評議，而是一篇曲折的感懷反思之言。不喜非典的讀者，可逕跳正文；您不會錯過什麼的。

　　長期以來，真的是長期以來，我一直頗安於一種「批判知識分子」的自我感覺，雖然那意味著什麼，自己從沒想通透，也不打算想通透，但至少，如果他人以此指我的話，我會愉快接受的，心想，在這個島上，我多少算是個吧！至於愉快，那是因為這個自我感覺是踩在一種想像的社會高度（多年後才知道那是個幻覺，而且與思想高度無關）上，居高臨下，衣角不時隨著傲慢與虛榮的陣風愉快地揚起。「社會高度」那是具體而有所對應的，對應於誰呢？那當然主要是「右派」，細分又可分為自由派、極右派與保守派……，等等。那時覺得這種高度是一種無可辯駁的思想高度。思想能不高嗎？不高，能對這個現實拿著一種睥睨、批判，乃至否定的姿態嗎？

　　在台灣，從1980年代下半開始吧，包括我在內的廣義「批判知識分子」的「批判對象」，或隱或顯地一直包含著一個核心對象，即「黨國威權體制」，而那是一個不可分疏而論的必然之惡。這種「批

判」其實是當時，直到如今，的主流。主流也者，不必然是現實權
力意義上的，而是意識形態話語優勢意義上的，即所謂的「政治正
確」。1980年代中期龍應台放的那把「野火」的歷史客觀意義之一，
就是間接說明了國民黨早在1980年代中，如非更早，就已失去話
語權了，在此之下，而若還有人不批判黨國，那就只能非愚即誣
了。在批判黨國威權體制的同時，我們這群大約是1980年代下半
葉陸續從美國歸來的「左翼的」「批判知識分子」，在現實上也不得
不是民進黨這個以獲取政權為目標的政治運動的一支側翼。1980年
代末，集結在「台社」（台灣社會研究季刊社）的「批判知識分子」，
一方面默認了這個現實上的「輔翼」角色，但另一方面，在理論話
語與主觀感情上，則以一種曖昧的自尊企圖抵拒著這樣一種客觀角
色。於是，「批判知識分子」給自己豎立了一道「以市民社會對抗國
家」的理論牌坊。那時，最常掛在「批判知識分子」嘴邊的一個名詞
就是阿爾杜塞的無所不在又無法定型的「意識形態國家機器」；而這
個最易畫的鬼魅流涎極廣，到最後，幾乎除了我們自己還有一些我
們所認可的社會運動之外，都是國家機器之手或其末稍神經。我記
得，1989年的某個夏日午後吧，當時台社主編杭之先生約尚非台社
成員的我初見於唐山書店的「咖啡座」——那個充滿濃濃新書味、空
調味、菸味，與地下室特有霉味的書店一隅，那個以懸吊著好幾串
塑料藤蔓為裝飾的侷促所在。聊天中，當我還以一個博士生的怯怯
用試探的口吻說：民進黨現在還沒執政或許還不算國家機器的一部
分……，杭之先生立即搖頭，打斷了我的話，以他厚實的面容鏗
鏘地說：「民進黨當然是國家機器的一部分！」那意思，應該是說：
別看我們現在有個輕重緩急，沒把民進黨當批判對象，但這是遲早

的事！

　　當時像台社這樣的「左翼批判知識分子」的最大情結，大概是纏繞於民進黨的「新潮流系」吧，而這卻是因為兩者有些相近。新潮流是民進黨內與「街頭」、「社運」最通氣的一個派系；解嚴後，活躍於社會運動現場的民進黨力量率多屬於新潮流。「批判知識分子」很有理由猜忌嫌惡「新潮流」，因為後者被視為以政權的政治策略或以省籍為動員捷徑，收編「社會力」。相對於新潮流的「形左實右」，批判知識分子則把自己看做是「市民社會」、「社會運動」或「底層人民」的「真正的」支持者或代言者。經常，批判知識分子把這樣的立場以「基進民主」、「人民民主」或「邊緣戰鬥」況之。批判知識分子以階級、城鄉、性別與性……等概念作為現代社會的核心鬥爭場域，批判那些以族群、省籍，或民族等概念為核心的論述，以其為落後的、地域的、血緣的、封建的，乃至準法西斯的，等不當屬於（後）現代的「時代誤置」。

　　這個「以社會對抗國家」的或可謂之「社會中心論」的知識與政治立場，是怎麼來的呢？原因當然比較複雜，牽涉到批判知識分子們，算了，我還是盡量只說我自己的故事好了，牽涉到，好比我自己的認同與存在感。如果說，這個反抗國家的社會是由「台灣人」（即本省人，大多時候更只是講閩南語的福佬人）所構成的話，是由它來表現了「台灣人出頭天」的話，那麼「外省第二代」如我，在台灣的位置又在哪兒呢？同時，外省第二代的知識分子多少又被某種「原罪感」所縈擾，因此不敢攖族群民族主義的鋒，直接批判「出頭天」的族群民族主義政治訴求。在這個狀況下，「理論」被用來曲折地自我保護，以及用來召喚「公民」。而無論是用多麼繁複曲折的

「現代」或「後現代」的話語，其實都不過是要說：「社會」不是由「族群」或「省籍」定義的，而「國家」也不應是「民族國家」。如果說，1990年代上半興起，蔚為一時政治風景的新黨，曾經被我略帶神經質排斥地話，我那時並不明白在某種意義上，新黨不過是外省人防衛政治的直接展現，而「批判知識分子」則是一種迂迴的展現而已。還不如人家來得直行其意呢！

但畢竟我是無法被新黨的防衛性認同政治所召喚的。雖然我的確是沒有希望它失敗的欲望，但我更也沒有想要變成它一分子的欲望，因為，那將使我落入「族群」或省籍政治的陷阱，將瓦解我的整個「社會中心論」的「理性」（即「現代」）構造，又將，並非不重要地，取消我臨風「批判」的高姿態。是在這樣的一種「現實性」當中，我回過頭來，整編我1980年代在美國所受的學術訓練，聚攏各路學術兵馬，從「青年馬克思」到湯普森到哈維、從杜威到米爾士到羅逖，從班雅明到馬庫色到哈伯瑪斯，甚至強徵尼采，為的是申論一種社會中心的基進民主論，強調社會的各種非原初關係的「自主結社」、強調自我構成的社會性、強調公共對話的過程性、強調一種非歷史主體的相互主體性、強調社會運動作為人民自我教育的核心機制、強調一種「基進學習」，以及強調一種非目的論的「視野中的目的」……。雖然在以後的學術生涯中，特別是在我與研究生的指導關係中，我強調一種從真正的問題出發並建立在歷史基礎上的研究，而一直輕視「理論」在研究中的指導位置——如社會學這個學科的那種標準操作模式，但我其實並不清楚就當我前門拒斥「中層理論」的同時，我卻偷偷打開了後門，接受了更高層更宏觀的理論作為我的理論無意識。那時候，我還曾沾沾自喜地提出一種

社會學研究的「兩極」操作方案：一方面讓自己浸潤在大理論思維
中，另一方面則讓研究從最具體的經驗現實開展。我相信，唯有這
樣，才能避開當代社會科學以中層理論乃至微觀理論為核心的沉悶
無趣的知識再生產套路。

　　我是何時才體會到我這套路數，除了遊樂場的公畝數大些外，
其實是一個幾乎同樣無趣的學術遊戲呢？這可以從知識與政治兩
頭說同一個故事。但在討論之前，我想還是再回到1980年代末到
1990年代初，討論一下一個雖核心但長期被忽視的知識問題：「中
國」。先前，我在西方受到的社會學訓練，嚴格說來，其實是關於
西方如何走上「他們的現代」的路徑的各種敘事及其衍申。1980年
代，我在美國的學術養成訓練其實就是這樣的一種「西方左翼的啟
蒙敘事」，而我所尊敬的師友，也多是在這樣的一種話語中，批判
他們自身所存在的社會，偶而，也對他們國家的帝國主義性質有
所反省。那麼，這種敘事對於我要進行的對我所從來的社會的研
究，有沒有幫助呢？當然有，但前提必然是：對於我的研究問題與
方法，我是不是能夠有一個真實的，也就是建立在歷史中的闡述。
在這樣一個自我釐清的前提上，西方的，或以此而言，任何其他關
於「現代路徑」的敘事，都可以是一個有意義的參照與啟發裝置。
但如果這個前提不存在，那麼，西方的理論就不是一個啟發而是
一種框架，或一種最惡劣的框架，那種巨盜將人抽筋補長、斷足截
短以適其床的所謂「普羅酷司汀床」（Procrustean bed）。它遠遠不
是研究的啟發，而是評價的規範。因此，也要好多年之後，我才能
重估我的這些西方師友對我而言的知識意義。我仍然尊敬他們，
何況他們是我的師友，曾給過我許多無私的幫助，作為人，他們之

9

中有很好的人，比例而言，絕不比我的同胞不好，但他們的左翼知識（如其右翼自由派對手一般），在一種認識論的意義上，是「帝國主義的」，因為他們真的相信他們的立場、價值與歷史觀是絕對正確的，而是在這個意義上，他們，特別是左翼啟蒙，批判了自己的社會狀態以及國家機器，但即便在這個批判中，也有一個默會的共識，即，非西方世界是值得同情，但畢竟缺乏理論參照意義。這樣的一種絕對化，當然是與冷戰結束後的「歷史終結」這個最大共識合拍共振。多年後，我才得以重新從另一視角看待保守派。保守派的政治語言常常是自我中心的、缺乏自我批判的，甚至是地緣政治上明火執杖的鷹派。這是「帝國主義」吧，是的，但是，在一種認識論的層次上，保守派並不傲慢，在世界格局中承認它自己的相對性，乃至自身及其價值傳統的危機——這才需要「保守」嘛。相對於啟蒙左右派，他們在傲慢的外表下，有一種現實的多元世界視野，而前者，在謙遜的外表下，反而是高硬度的一元論。

　　因此，我在西方的左翼的、批判的知識訓練，並不曾讓我取得一種學習態度與能力，讓我著手對一個地方、一個社會、一個文化、一個人群、一個文明，進行不帶有強烈理論預設與認識框架的探索學習。但話又說回來，西方左翼在這個「無能」上也是公正的、普世的，因為，至少我覺得，在這樣的一種一元化的架構下，由於一種帝國的對自身的漠然，他們也無法真正有效探索他們自身的歷史與社會。在美國的社會科學評價體系裡，「美國研究」是一種地方研究，登不上大雅之堂的。所以，如果連「美國」都從他們的知識話語裡隱藏了或消失了，那當然是不會對第三世界產生宰制與剝奪以外的「認知興趣」，如果竟而產生興趣，那也不過是拿來當做

「歷史社會學」的比較方法的某一案例而已,而為的是建立研究者的某種「普世」理論或命題,回想起來,令我印象最深刻的大概就是1980年代某哈佛女教授所寫的關於國家與社會革命的著作,也是以「六經皆我註腳」的理論先行方式探討了「中國革命」。多年後,我也才約略體會到所謂「帝國」,大概總有一個特徵,那就是不僅對於他者缺乏認知興趣,更重要的還是對自身認知興趣的缺乏;而這並不是因為自卑而是因為傲慢,我就是「普世」,你有特殊「文化」,我沒有。

在這樣的訓練下,我從理論工具間中登記請領了很多概念工具,諸如民族國家、國家(機器)、社會、階級、性別、革命、社會運動、動員、民主、平等、差異、多元、規訓、秩序、結構、施為(agency)……琳瑯滿目。我的感覺是,這些概念是普世的,是為美國學生的,是為韓國學生的,是為伊朗學生的,也是為了我的。我有了它們,不論進了哪個林子,從貝加爾湖畔到婆羅洲到亞馬遜,都一樣伐木砍柴。「批判知識分子」其實也就是「普世的伐木工」。「中國」或是「台灣」或是「伊朗」,在這種「方法論的國際主義」下,其實沒什麼特殊意義,因為,對象並不相對決定方法,方法(與理論)單方決定了對象。

於是且如此,我回到了台灣,在我的知識實踐中,我是沒有意識到中國,但其實竟也沒有意識到台灣。我認為我是一個普世主義的、進步的、批判的學者。我認為,在某個根本意義上,我已經找到一種掌握現實的方式了。台灣是什麼?中國是什麼?不重要,那是本質主義的問題!關鍵是他們在一個天梯上的相對位置為何?因此,台灣與中國大陸是有差異,而這個差異純粹是程度問題,而且

是有某種公共指標的。相對於中國大陸，台灣有自主結社、有社會運動、有浮現中的公共領域，簡而言之有初生的「市民社會」，而中國大陸則雖還沒聽聞有，但必將會有。為何呢？因為資本主義現代性必然帶來這些變革。在這樣的一種知識格局下，假如我還有一點點「中國情懷」的話，我大概也還是在一種我出國前的政治水平「以三民主義統一中國」的當代變形──「以現代化統一中國」，用哈伯瑪斯的話，即是「完成現代性未盡的計畫」。於是，我們在台灣進行對自身社會的帶有「自我批判」性質的知識與社會實踐，也同時可以是無言但卻是現身說法地展演給對岸中國人看的。我想，1980年代下、1989年中之前的「批判知識分子」的兩岸想像的最高點大概也最多是如此吧。

今天，人們透過太陽花所具象展現出來的兩岸對立架構，往往會從此時此刻開動歷史推土機，把這個架構無限延長，延長到二二八事變，甚至之前。但兩岸關係從來不是靜止的，台灣人民的中國認同或中國情感在不同時期因不同因素而有變化。冷戰時期，國民黨所塑造的反共親美當然決定了島嶼上的一種基本感情向度，間接地、且當然非其所願地，型塑了太陽花年輕一代的世界觀格局。但就算是這個大架構之下，也還是有結構性的鬆動時刻，以我的看法，1980年代，特別是解嚴後，以及蔣經國開放兩岸探親交流之後，兩岸是有嚴冬之後的一度春暖花開和緩期；這只要讀讀那時的媒體報導以及公眾人物在論及對岸時所持的認同態度與所用的和緩口吻就可見一斑；雖然很多當初身歷其境的人今日對此選擇遺忘。

然而，「1989年6月間發生的事件」（大陸常用此方式表達）卻是一決定性歷史事件。在中國的現代之路的漫長、曲折以及經常發

生的（可同時同情與批判的）歷史不幸事件下，與以美國為首的鋪天蓋地的（全心全意惡魔化的）全球媒體形象工程下，「中國」的暴力性、不文明性，與不正當性，於冷戰正在終結的新時刻，立即再度被重新大筆勾勒定型。而同時，台灣正經歷解嚴後的社會能量強力釋放期。這使得原本在1980年代末一時春暖花開看來可以有各種可能性的兩岸關係，再度在一個很深的心理層次上被取消。我們都記得，從1987年解嚴後爆發的社會運動潮中，不能說不存在略具統派或獨派傾向的知識分子、社運團體或工會，但現實上並不存在沿著統獨進行的分割切線。直到1989年5月震動全台的遠東化纖工會的罷工事件，我們仍然看到超越統獨的知識分子慣常合作模式。是到遠化罷工或1989年中之後，台灣的社會運動才開始出現統獨切割線──這是論者經常指出的。但我認為這樣的表達並不準確，嚴格說來，統派是被切割了，在這裡，歷史浮出的切割力量是獨派。當整個社會浮著以坦克為核心標誌的武力鎮壓的六四，並以其為「中國」形象時，獨派得以順勢而為，快速升起「中國」與「台灣」對立的意識形態熱氣球；「中國」是暴力、極權，是「東方」，而台灣則是文明、民主，應是「西方」。「1989」，對李登輝的「轉型」也是重要的。我們無法進入他曲折幽暗的內心世界掌握住他的動機，但「1989」無疑是他在幾年後開始的去中國化、走向民粹／台獨的一個重要歷史前提。因此，後冷戰時期，台獨敘事所依靠的「歷史事件」並非僅僅是二二八，而也是六四，二二八只能證明國民黨的暴力愚昧，而六四能證明的則更是後冷戰時期「中國」的「不變本質」。

　　另一方面，1990年代是美國在後冷戰時期單極霸權獨擅的時代

開端；1991年由老布希所主導的第一次波斯灣戰爭則是它的開山標記。之後，美國不停地依其地緣政治利益構築它的全球戰略，特別是強力介入中東與中亞。在台灣，幾乎整個1990年代，特別是克林頓執政時期，我不記得我（或我的朋友們）對美國帝國主義性質有過什麼樣的認識興趣，而這可能一方面是由於這個單極帝國宰制秩序被普遍的「意識形態終結」的意識形態工程，以及被特定的克林頓政權揉合幽默與荒誕的傑出形象工程所遮蔽，另一方面則是此單極帝國秩序的暴力性質及其所造成的惡劣效應還沒來得及展現。美國的帝國意志與伊斯蘭世界的恐怖主義之間有一定的因果關係，而這樣的因果關係要到2001年小布希政權成立才開始展開。事後看來，我們「批判知識分子」都被美國，特別是自由派克林頓政權，所忽悠了，整個1990年代，我們從來沒有把我們的「批判」關注擺在一個問題上：如何看待後冷戰時期的單極世界秩序，及其之下的我們？而這當然牽涉到我們對美國國家機器性質的定位問題。

因此，整個1990年代，「批判知識分子」如我，一方面仍然繼續「親美」（或至少不以美國為問題），另一方面，在中國國民黨李登輝以其廟堂之高順勢催拉的台獨民粹「去中國化」風潮下支絀失語，我的知識構造不但不可能和「中國」產生任何新的關連，其實有時還避之唯恐不及，於是只有在一種「中國」與「台灣」的對立乃至無關的前提下，進行我們的「在地」學術與政治活動。對那一時期的「學術與政治活動」，我當時的自我感覺似乎是很批判的而且還有點勇氣的，但今天看來，僅僅是不曾在已經形成了的政治正確台獨民粹運動中闒然媚於俗，委身於那可以名利雙收的大流當中而已。但批判嗎？勇氣嗎？則甚為可議。因為我是以一種揚眉的、高

階的、左翼的普世主義來「批判」這個台灣族群民族主義或民粹主
義,這個批判很安全,尤其是我們還加上一個「在地」——這個詞
在台灣的發生學很有意義值得單獨研究。但你會問:安全的批判就
不具批判性了嗎?這麼說好了,我的批判是建立在正負兩個基礎
上:正,是這些啟蒙左翼的普世價值;負,則是歷史的無關。在
1995年我的〈新的民族主義,還是舊的?〉一文中,我其實是按照
新左翼(尤其是英國新左)在對民族主義或極右浪漫主義的批判中
所使用的概念與分析架構,對台灣的族群民族主義論述進行比對,
像是把顯微鏡調到一個度數,然後看樣本的展現一樣。在這樣的概
念化操作裡,我必須做到極度純淨,只要看到「民族主義」就要舉
紅牌,就要批判。而要到多年以後,我才允許我自己問這樣一個問
題:那第三世界反帝反殖的民族主義呢?或提出一個更根本性的問
題:這些被論及的運動僅以「民族主義」一詞指涉之、涵蓋之,是
恰當的嗎? 1995年初,在台大「工綜館」,我在「台社七周年會議」
上報告了這篇論文。我清楚記得陳映真先生那天也去了,坐在我對
面左邊的最後一兩排。該場次結束時,他從會場後方從右側繞到講
台前,熱情地和我握手,對我表示勉勵或支持之類的意思。我那時
心裡其實是很複雜的,既感激於他的鼓勵,但又擔心這樣的一個握
手會不會被獨派當成把柄!年輕時我和很多人一樣都是讀陳映真小
說而深受莫名感動的。1980年代末,我在美國唸書,回台灣會想要
「拜碼頭」的,也只有陳先生一人,1991年教書之後也偶有聯繫,
但到了1993、94年起,我這個「批判知識分子」也開始在心情上避
著他了。因為他的存在向我提出了難題:你如何看待中國革命裡民
族與階級的辯證?這對追求純淨的、理論的民族主義意識形態批判

的我，是一個既不想也無法面對的問題。

不面對這個問題，當然也是因為我們在「在地」社會運動上頭有些微「投資」；這和有了幾套房產之後的保守心態差距有多大，實在不好說。自1989年下半，社會運動「統獨擱一邊」開始崩解，社運獨派化大潮漲起之後，一向以關注、支持社運為標榜的「批判知識分子」，也面臨了前所未有的壓力。在此際會，由台社成員但投身社運的鄭村棋所領導的「工人立法行動委員會」（一般簡稱「工委會」）及其支持組訓的工會系統，則成了「批判知識分子」的理論話語能指的現實所指——看哪，這才是真正的社會運動，不統不獨，不被任何形式的民族主義所制約，完全在階級視野上看問題，在階級立場上下判斷。於是，這個結合了西方新左的反民族主義、以階級運動對抗資本主義國家的「左翼立場」，就被拿來和陳映真等在中國革命傳統中論述階級、民族、帝國，與殖民的「老左」，形成了一個近親區隔對照。很顯然，在這個對照中，批判知識分子如我，是有某種「摩登」的自滿與傲慢的，而暗以對方為陳舊落後。在一篇最近寫的文章裡，我曾指出，這個所謂「新左」與「老左」的區分，事實上是不成立的，真正的對立或許反而是「洋左」與「土左」。但這個問題，在此就不充分展開了。

在這樣的一種由西方批判學術所支撐的理論話語傲慢下，雖然台社是有一個比較早的機會能於1997年集體訪問大陸，但以如此的知識儲備、以如此的理論自滿，以及如此的「實踐有效感」，那次訪問注定是不孕無效的。包括我在內的台社的同仁幾乎不曾從那次訪察中開啟或醞釀出一種對「中國」的知識興趣。沒有感情（包括愛、恨、焦慮、危機感）作底，似乎是成就不了任何大事情，當然

16

也包括學術。在眼前這本我理應要討論介紹的書裡，孫歌指出明末李卓吾那一代的知識分子有一種很強的「飢餓感」，這對我而言的意義，不就是反照出我們這一代的台灣「批判知識分子」所不曾經歷的恰恰就是這樣的一種「飢餓感」嗎？不但不飢餓，我們還相當「飽足」、相當自滿。這個飽足感，是被我們的西方批判理論麵包與黃油所填飽的。長久以來，我們無法想像我們所自覺的「批判知識分子」身分，其實是被知識殖民的不自覺對象，好比，我們自覺地反對自由派意態軒昂的「歷史終結論」，但卻又不自覺地在這個終結論底下操作我們的知識與政治，又好比，我們質疑並批評以美國為首的西方資本主義世界（例如所造成的剝削、壓迫、宰制與各種形式的不平等），但我們對這個世界的分析、診斷與出路的探討，又「完全是」，也就是「不批判地」，接受西方所擬想、所給定的那一套話語。而這所有話語後頭的時間想像則是一種線性進化論：既然西方在現代化這條路上是走在我們前面，那麼他們對現代世界的認識與分析也是超前的；他們今天的問題，將是我們明天的問題；他們是我們的老師。有趣但不意外的是，今日我們許多人對中國大陸的態度正是這樣的一種模式的依樣畫葫蘆：我們今天所遇到的，也將是明天中國大陸將遇到的。自由派「老師」於是要到大陸推銷民主課，而左翼批判知識分子「老師」則也在想像某種「社運經驗」的傳遞。不論是自由派，或是批判派，對知識、對歷史的感覺，都是相當「飽足」的！

　　要到何時才開始反省這樣的一種「批判知識分子狀態」呢？對於反省自身知識狀態這回事，一個人既不能推卸反思的責任，但也要避免誇大自身的反思能力。一個時代有一個時代的幻覺，一般是

要等到那幻覺有了些罅漏時，人們才比較能夠展開他的反省；超越時代的先知先覺總是比較稀有的。對我而言，開始一點一點慢慢擺脫「批判知識分子」的「符咒」的起點，應該是2003年初，第二次波斯灣戰爭爆發，美國小布希政權為了石油及其他地緣政治利益，捏造了所謂海珊政權擁有大規模殺傷武器的藉口，攻打伊拉克。這個戰爭讓後冷戰時期全球秩序的正當性匱乏遭到暴露，單極霸權的任性與暴力超過美蘇雙霸對峙的年代。這讓我得以重新以一種超出單純人道主義的視角看待兩年前的911事件。無辜生命的犧牲固然可悲，但孰令致之呢？恐怖行為固然不應鼓勵，但又是什麼原因造成了如此難以理解的幾乎是殉道式的自殺式攻擊呢？什麼樣的憤怒？什麼樣的絕望？對強權而言難道這些都不必理解、不必反省嗎？如今看來，2003年是一個重要轉折，因為「美國」，不只作為一個國家，也作為一個理念的正當性大滑坡了，而一向以來，以美國為某種（儘管不完美）體現的現代性及其秩序，也圖窮匕見了。

　　美國的道德水位劇烈降低，其他各種新的認識與思想上的可能性，才相繼冒出——這是「改變」的一個無奈的現實前提。前提不存在，就算真理在你耳朵旁猛搖它的鈴鐺，你也將充耳不聞。我從1990年代中，就認識了一個馬派老左的瑞士人W老教授，他對非西方社會的狀況也一直保持著很高的關注。我們常聯繫，他也愛旅行，每次再見面，他總是會關切我近來都在想些什麼、寫些什麼，我都據實以告。我樂意交流，但每次在關於這樣的說明之際，我都隱隱感覺一種深刻但難言的不適，我覺得我是在用一種全球術語在作一種「支部報告」。當然，我與他沒有上下級隸屬關係，但是，我的確是用一種由「他們」所創造出來的、為的是說明並解釋「他們」

狀況的語言,來說明我的「在地」狀況,並且這個語言作用得頗平
暢。但如果敘事如此平暢,那不反證了「在地」之為虛空嗎?為什麼
我沒有一種語言不達意感,沒有一種「翻譯」困難感,沒有一種因
「我們」的經驗而讓對方有所學習感,乃至能讓對方調整他們的認知
框架?這樣說好了,就算把「文化殖民」問題擺一邊,就算我所使
用的是一種「普世的」話語與分析架構,那麼我對於這個「普世」又
有什麼貢獻呢──除了當它的地方註腳之外?「普世」為何不能是一
種過程?為何不能是各種「歷史特殊性」的一個對話場域?記得有
一次,大概是1990年代下吧,W教授與我到墾丁參加一個南部工
會的勞教之後,在北上的車上,W教授在聽完了我關於台灣階級狀
況的一些評述後,故意尖銳地問我:「你的這些描述、分析甚至規
範性的語言,不都是我們西方的嗎?」當時我感覺很受挫,只能用
普世主義之類的話搪塞過去。然後,他問我,你們是不是有一個著
名的思想家叫「劉順」?我起先沒聽懂,後來才明白他說的是魯迅。

　　和金髮碧眼身長一九幾的W教授失聯好多年了,他早退休了,
不知如今安在?今天我覺得他對我的啟發很重要,但這個啟發,也
得等到時間到了,才響起它輕輕的明澈之音,而我才發現那個道理
其實並不甚艱難繁複。

　　2003年,我因緣際會結識了台灣卑南族的一位頭目,一個令人
尊敬的長者。從與頭目哈古的交談、相處,我學到了很多,而最重
要的「學習」,其實還不是積極意義的,而竟是「消極意義」的,他
把我一向以來超級穩定的一整套「現代」的分析與規範性架構給「去
穩定化」了。我能夠不再馬上從「民主」、「父權」、「家父長」、「封
建層級制」、「宰制」、「迷信」……這些正面或負面的概念去衡量一

個人群、一個文化。我首次不再只是一個「普世性伐木工」了！以前，若是以一個「批判知識分子」的習性出發，我一定是要從這個部落的「底層」看起，越過頭目、長老與巫婆，直接去尋找、發掘、甚至「發明」這個部落的各種「被侮辱與被損害」成員，「傾聽」（難道不是因為我耳朵只能聽這一首歌嗎？）他們在部落以及在國家機器或是大社會中所受到的創傷，然後完成我的「基進民主」的批判性家庭作業……。最近，我聽到大陸某公知學者作農民的「田野」，但被質疑是在發明公知農民的一則消息，不覺莞爾，但不是笑那個「公知學者」，因為我也不可能沒幹過類似的事。但這回，我從這樣的一種「批判知識分子」的長夢中稍微甦醒過來了，我願意傾聽一個部落對於它自身的正當性與尊嚴的言說建構，願意看到「傳統」的價值，以及願意傾聽並理解傳統崩頹的巨大災難。當時正是民進黨執政時期，很多看似尊重原住民的「進步政策」，其實都是現代國家按照它的單方向邏輯所做的社會再編組，例如廢除頭目制度的世襲，而改以部落「全民直選」……。這種「普世傲慢」，如果真的實行，肯定會是一個巨大災難。

即便如此，知識習慣的改變並不比成癮症的戒除來得容易。2004年，台社十五周年會議，我受命草擬基調論文。這篇後來經過社內討論修改而發表的〈邁向公共化、超克後威權：民主左派論述的初構〉，仍然文風不動地體現著台社成立十五年以來的基進民主「基調」，企圖將戰後台灣「民主化」歷程，根據不同政權時期，做了相應的性質分析與定位。雖然，我們試圖「歷史化」，也就是把這個所謂「民主與威權」問題的「演變」往前延伸到戰後，檢驗它是如何一路走來。但是，那其實並不真是一種歷史化的探索，因為

我們並不曾也無力進入到歷史之中,而只是操作一些概念,讓「民主」或「威權」擬人化地從更遠的距離走過來而已。我們在不曾進入歷史的前提下,率爾操刀「分析」歷史。而「歷史」在這樣的分析之下,只存留下那些能為我們的分析概念所辨識的部分,而凡是不能被這個網網住的,哪怕是巨若吞舟之魚,也都將為我們不識不察。因此,我們並不曾「進入歷史」,而是用一種理論套話重新說一次我們並不意外的「大致理應如此」的故事。我們在我們的研究或探索中,並不曾研究或探索,說到底,因為我們不曾「學習」。而這樣的「書寫」不就自證了一個最常見但也最嚴重的知識弊病嗎!孫歌在這本書裡,透過溝口,透過溝口的李卓吾,所不停闡釋的一個思想史研究中的「不立論」道理,在此對我的啟發是清楚的,儘管我還是不甚了然究竟該如何「在不立論中立論」,但至少我知道了,學習者切忌過早立論。

在草擬這篇基調論文時,我是透過幾個潔淨整齊的概念(公共性、平等、多元,與和平),來編排歷史過程,並據以立論。值得注意的是,與這樣一種「理論想像」並存的,是一種以「台灣」為尺度的空間想像,而「中國」,或是東亞區域,遑論世界史,則根本沒有進入到我們的視野中。我相信,這個「理論想像」與「空間想像」是相互決定、相互構成的,而且共同為當代民族國家在知識體系上的自我完成效力。

我說過,這似乎是一種理論話語成癮症。理論話語的存在意義本來應該是方便我們達到我們所要去的目的的一種參照、一種啟發、一種橋梁,它本身不應被視為目的,也不應被實體化或「形骸化」。這是孫歌在這本書裡再三致意之所在。她經常用莊子的「得意

忘言」或「得魚忘荃」來形象地說明這個境界。但直到2004年，我仍然確切地存在於這樣的一種成癮症。既是成癮，那表示它讓我們還有一定的「安頓」，安頓於一種全球範圍的、第一世界的先進性，安頓於一種對於落後的傲慢，以及安頓於，在我們所謂的「在地」，我們欣然有所託──社會運動、公民、公民社會（或市民社會）。我們是在一種歷史安頓、理論安頓，以及實踐或道德安頓的狀態下，繼續我們的成癮症。然而，這個成癮症下的「安頓」的缺憾無疑是重大的，一旦離開了這些「理論話語」，我們與現實的關係馬上就成為問題，從而必須一直增加理論話語的劑量，或是升高「政治正確」的陡峭，以維持某種正當性與存在感（承認與虛榮）的隱性需求。為了維持基進，我們得更基進。

在將近一代的時光裡，在這個世界（其實是西方）話語的大潮與「批判知識分子」的推波助瀾下，台灣的「言說界」（也就是能活躍表達自身世界觀的菁英群體，包括了知識分子、青年學生、專業者，與中產市民），也慢慢地但一步步地與這個政治正確的理論話語接近，並進而接收乃至接管這些話語，從而形成了台灣「政治正確化」的4.0提速。於是當代台灣，相對於這些話語的上游供應鏈，竟是超前的，而出現了經常連老師都跟不上的優等生。人說日本一直有優等生意識，台灣何嘗沒有！歷史上，這首先表現在女性主義的性別政治，其次表現在同志權利的議題上，但也經常表現在一些特定議題，例如「廢除死刑」或「廢除核電」上，整體而言，表現在合乎這個理論套話或是政治正確的「社會運動」或「公民參與」的高度正當性上。因此，在學術上所產生的「反學習」弊病，也一併傳遞到社會實踐，形成後者的「反學習」。我們悲哀地觀察到，在社會

運動動員中,探究、摸索、論辯、問難,乃至傾聽異己的能力,率皆大幅蒸發。而幾乎已成為一條社運律令的則是:凡「不利於己方之事實」(inconvenient fact),合當取消。

這個曾經由「批判知識分子」力耕宣揚的知識存貨,現在已經「科普化」,被視為「公共知識存貨」了。但這個「公共」,其實是那個存在於都會、中產、小資、學院的,屬於菁英圈的特定「言說界」;它是特定人群的意之所見,但卻取得了「普世」霸權姿態。這個特定言說界,在台灣,有兩根支柱,一根是「現代」,一根是「台獨」(或獨台)。本來可以是不必然相關的二要素的事實親近,是歷史性的,而不必然是理論性或邏輯性的,是透過獨派知識分子長期說故事、製造論述、傳說刻板印象,所建構出來的,而核心敘事則是「光復後台人面對祖國的幻滅以及對日人的思念」以及「僅僅作為族群(或民族)事件的二二八」。關於這方面的討論,鄭鴻生在他的〈水龍頭的普世象徵:國民黨是如何失去「現代」光環的?〉這篇大作裡,已經說得非常清楚透澈了,此處不另申論。我們僅需知道:國民黨在1970年代中期以後,在黨外運動的興起中,在它的「文明性」與「正當性」保衛戰中,是節節敗退乃至一敗塗地,甚至連它相對成功的土地改革以及相對平等的經濟發展以及相對公正的國民普及教育,也都在反國民黨的,甚至國民黨自身的論述中被取消了。相對於國民黨缺乏論述,民進黨的論述是非常強力的:現代文明與獨立建國。在這個情境下,過去與「批判知識分子」較接近的「工委會」社運系統,希望只在「現代」上論述與行動,並與「獨立」保持不沾鍋,事實上證明只是一廂情願,因為,它並沒有面對一個事實:所謂的「現代」,在台灣的情境裡,是只有一種顏色可能的,即綠色。

現代的、普世的、批判的理論話語，在台灣有兩大任務：拿來正當化「新興國族」與汙名化「中國」，而這兩個任務其實又是一體之兩面。而不論是「批判知識分子」或是號稱「不統不獨」的「批判社會運動」，其實對這兩個主流政治趨向，都不具有真正的批判能力，而關鍵則在於對「中國」的無知與無情。在這個知識狀況之下，我們對「新興國族」的批判，結果反而只能深化這個新興國族論述的自我正當性完善化。獨派透過對「批判的現代性」的吸納與整編，使自身更為「現代」、更為「批判」。而這樣一種貌似「超越藍綠」但其實是在構築阻礙和解的深層壁壘的主流政治，在去年的「太陽花運動」中達到了新高。這不得不讓我萌生了一個自我質疑的警思：我過去的論述難道不是扮演太陽花的尖兵角色嗎？關於這一議題，我另有文章專門討論，在此不贅。

這個自我質疑是在光豔奪目的太陽花陰影之下結晶的，但醞釀則是長期的，包含了很多主客觀的因素，例如我方才指出的美國正當性水位的下降、W教授對我的當頭棒喝、頭目哈古對我的潛移默化，但還包括了我的另一個「老師」──龍應台女士。是的，能促使人警醒並學習的都可以是老師，不一定要認識，三人行必有我師焉，只要不是拿來作為「我的老師胡適之」就行。2005年她寫給大陸領導人胡錦濤的公開信〈請用文明來說服我〉，對我而言是一個重要「事件」。那篇文情並茂的文章，以進步的、批判的普世價值拿來正當化「台灣」這個新興國族，並同時拿來斥責「中國」這個古老國家；而平等、公正、多元，乃至社會運動這些名詞，都成了龍文其實是一種身分政治出擊的縱隊。這是我頭一次對「社會運動」以及其他進步話語，感受到一種類似不小心吞下蒼蠅的感覺，說不出的難

受，明顯感覺到，作為一種理念的「社會運動」的「批判力」，正在經歷一個重大質變，從「自我批判」到「自我肯定」到「批判他人」；而在其深層則潛伏著一種自憐自戀，一種對他者的懼怕仇恨。這樣一種可以說經由龍女士背書過的「社運的自我感覺」，一直延伸到之後的「反媒體巨獸」，到太陽花，到反核。在太陽花運動裡，我目睹了太陽花這樣一個巨型吸塵器，吸納了幾乎所有的進步修辭，吸納了幾乎所有的社會運動（除了旗幟鮮明的統派團體），其中甚至包括了原先所謂的「不統不獨」派，當然，後者是猶抱琵琶半遮面的，很多很多的嬌羞與一點點僅存的自尊……。

　　至少對我而言，1990年代以來這二十多年間的台灣社會運動的大大小小案例中，最特殊的也許是2006年入秋時分的紅衫軍運動。由於它的質異，我以為，連是否該把它放進「台灣當代社會運動」這一範疇，都應該是可以討論的。從外表看，紅衫軍當然是台灣當代集體動員與抗爭的一個展現，只是規模更大而已。但紅衫軍有一個甚少被指出的明顯特徵，即它的指向民進黨。雖然這個運動的公開訴求是反貪倒扁，是指向陳水扁個人及其家族的腐敗，但因為它反的是民進黨政權的最高執政者，那麼必然也與一種沒有言說出來的對民進黨這個政黨以及由它所成立的政權的性質與品格的質疑；這是無法斷然切割的。是在這個前提下，才會有很多深綠人士站出來主動切割陳水扁以斷尾求生，而同時，紅衫軍的檯面領導人則幾乎都是「前民進黨人」。紅衫軍的這一「指向民進黨」特質，必須說，是1980年代下半所謂社運狂飆期以來所不曾有現象。這一特質不能孤立地看，它是一個星雲結構。首先，參與到這個運動的民眾不是「典型的」社運參與民眾，中年婦女超乎比例地占大多數，

而省籍與階級分野也相對模糊。其次，台灣這二十多年來所形成的
「社運工業」（即，各式各樣各種訴求的主要由專業社運者、知識分
子，青年研究生，所構成的相互勾連相互流動的社會運動團塊）在
這場大型群眾運動中基本上缺席，當然個別人可能到現場「觀察」。
第三，這個運動所使用的主要標誌性口號，除了反貪倒扁這個具體
訴求之外，核心道德號召竟然是傳統中國文化裡的，以及國民黨時
期所宣揚的，禮義廉恥「四維」。這顯然是一個尚未到達自覺意識的
「道德倫理重建運動」，或是尋求新的政治秩序話語的運動，但明顯
地缺乏足夠語言來表述自身，只能訴諸一種類天道的邦本說與道德
說，而且無法深入。

　　紅衫軍之後，又快十年了，對我而言，現在越來越明顯的是，
「紅衫軍」是一個與之後的「白玫瑰」或是「太陽花」這些大型示威聚
集，以及將近三十年來台灣社會運動史中的各種案例，明顯不同的
個案，它體現了在「現代性批判話語」中從來無法言說自身的「一般
民眾」的集體現身。相對於這樣的一種失語無言的「草民性」，其他
的社運或抗爭不得不顯露出他們挾其現代霸權論述的「菁英性」。
而弔詭的是，後者雖然反映了很大一群人的結構性缺席，但卻在
公共語境裡充分「代表」民眾，並表現為「民主」，而前者則被視為
落後的、保守的、沒有公民自覺的、需要被啟蒙的一群「老百姓」
（subjects）或「準公民」。這樣的一種層級觀，我注意到，也反映在
所謂的「廢死運動」中，儘管歷次民調，都有高達七至八成以上的
老百姓認為不該廢除死刑，但這樣的一種聲音，在自由主義的、現
代文明論的廢死論者耳朵裡，所代表的不過是一種前現代愚昧罷
了。當然，同時我們也看到，主張死刑的民眾也找不到知識分子喉

舌來發出他們的「原始呼聲」。這與紅衫軍運動中，沒有知識分子願意且能夠解碼「老百姓」的「禮義廉恥」焦慮的當代深層意義，反映了同一個問題。但是，這毋寧是必然的，因為當代台灣的所謂的言說界或知識界，已經完全由現代化知識話語所壟斷了，而所謂「批判知識分子」或「批判社運」不過是在這個大霸權五指山內的一個小小的「忠誠反對者」而已。在紅衫軍運動過程中，包括我在內的一些人，既不了解也不企圖了解「人民」，卻期待只透過現成的現代批判套話（例如，「自主公民」）來影響人民。

　　從新世紀初起，在這麼多主客內外的反省與變化中，我朦朦朧朧地一步步走上了反思「批判知識」或理論霸權的道路上，一腳深一腳淺，磕磕碰碰碰碰磕磕到如今。2008年我寫了〈以「方法論中國人」超克分斷體制〉一文，初次正面檢討了這個社運體制及其知識構造的「方法論台獨」，以及提出了至少要在知識上重新以中國為對象的「方法論中國人」呼籲。2009年，在陳光興的動員下，我重讀陳映真。對我而言，這個重讀的一個重要意義在於我朦朧地意識到，要擺脫「批判知識分子」（或「新左」、或「洋左」），這個長年思想與自我意識的「痼疾」，我必須從最身邊的思想資源開始整理起。當初，1990年代初，我企圖擺脫陳映真這個於我如大山般的意象，不就是要成全自己的「批判知識分子」的進步的、批判的，但也同時是安全的自覺嗎？我，與其他朋友，把陳映真等人定位為老左，不就是要陞自己的新左法座嗎？重讀陳映真，也就是重新接近那長期以普世價值之名，被我等知識上懸置乃至遺忘的「中國」。陳映真的小說，尤其他的晚期作品（例如〈忠孝公園〉），不正是現身說法地把「台灣的問題」置放於一個更深更廣的中國以及區域的歷史縱

深中嗎？陳映真不正是一生以一種回到中國社會主義革命歷史與文學的方式（「舊書攤」作為一個寓言與象徵），來抵抗現代化意識形態及其美學上的現代主義（「美新處」作為一個寓言與象徵）嗎？對陳映真而言，為什麼要認識中國？因為，認識中國恰恰正也是為了認識台灣。

2014年，卡維波與包括我在內的一些朋友，籌辦了第一屆「重新認識中國」研討會，今年接著辦了第二屆。這個研討會是我們幾個朋友這幾年下來以重新接觸當代中國思想界的關注議題的讀書會的一個延續。很多思想史方面的著作是我們那個讀書會的核心閱讀對象。為什麼著重於思想史？那當然是因為我們要以不同於以往的現代化敘事（或現代社會理論）的方式，來重新認識並解釋中國歷史。於此，我同意孫歌的說法：「思想史研究就是對解釋歷史提供假說。」那又為什麼我們企圖為中國歷史的進程給出一個與西方現代性敘事不同的說法呢？關於這一問題，我想，討論至此，答案應該是很清楚的：現代理論或是批判學術之所以在中國（以及因此之故，當代台灣）立足生根得勢，重要基礎之一就是一種關於中國近現代史的霸權敘事：中國在明末以後進入長期的歷史停滯，而後中國歷史的進程就是在西方的刺激下，讓沉睡的中國甦醒並主動或被動向西方學習的歷程。

我們大致上是透過當代中國大陸思想界對中國思想史的重新整理，進入到這個於我們而言甚為陌生幾近文盲的領域。當然我們也讀更早的大家著作，例如錢穆的《國史大綱》及其他著作，但基本上是透過閱讀當代人的著作接近這塊複雜地景。所幸很多人是我們多年的朋友，這多少讓我們在閱讀過程中有一種寶貴的屬於熟識者

的親切感，從而多少降低了這些寫作對我們原本所展露的那股冷漠勁兒，例如我現在讀的孫歌的這本書，就是一個活生生的例子。透過孫歌（我們一些朋友更常管她叫「孫大哥」），我們接觸了溝口，又從而接觸了李卓吾。這種閱讀上的改變也是怵目驚心的！先前我（們）都是讀英美出版的西書，但這十年以來，我書雖然讀的不多，但西書讀的真是更少了，可說除了為教學之故的少數溫習之外，幾乎不讀，也似乎沒買過一本外文新書，甚至連大陸翻譯的西書也不碰。這是否是矯枉過正，我不知道，但我懷疑是的，也謀求補正。把屬於個人的這點雞毛蒜皮也寫出來，不外乎是想更具體地說明一種知識狀況的變化。

攤在我前頭的一個越來越清楚的事實是：「重新認識中國」是擺脫「批判知識分子」的唯一一條出路。就此而言，「重新認識中國」就必然是一個以思想史為核心的工作，是重新認識那可以說是有中國人味道的思想與論述方式。去年（2014年）下半，我撞上了王陽明的《傳習錄》，一個人瞎讀，但也讀出些許興味出來，其中之一就是讓我感受到一種或可說是中國的思維方式以及中國的歷史觀、世界觀，與人生觀。我覺得這樣的一種感覺是珍貴的，因為它能讓西方的那套思維方式與世界觀得到一種相對化，它不再是人類唯一的視角與看待萬事萬物的方式。因此，這不是一種「民族主義」或「國粹」式的閱讀，而是希望能從自身的知識自卑中解放出來，也希望，在將來，能夠幫助西方從它自己的傲慢與偏見中解放出來，果如此，那麼人類不就可以在差異的平等中相互承認、相互欣賞、相互學習嗎？當然，在這樣的一種「知識計畫」裡，每個人都只是進入到大河裡的一小水滴而已。去年，我們開「重新認識中國」會議

時，我們這一群朋友大都是五十尾六十頭的人了，而我們私心是透過這樣一種於我們而言可能是稍嫌晚、稍嫌老的「知識方式」的重新定位，來開啟一種新的知識工作。這會不會讓我們以「邯鄲學步」的可笑可悲的境地終局，我不知道，很有可能，但學術思想工作本來也就是在一種終極意義上沒有保證的前提下的工作，不是嗎？

這幾年下來，在重新進行思想定位時，也產生了一些困惑。有困惑其實是好事，反而就是怕困惑得不夠深不夠久，淺嘗即止，又再度回到安逸老路上。讀孫歌的這本書，逼迫我不揣淺陋地把這些個人困惑說一說。

首先，我要如何安頓那不求速成的「進入歷史」的「舒緩心」，以及那面對今日各種迫切問題的「急迫心」這兩種心之間的牴牾？若我們帶著現實的「急迫心」進入歷史，那是不是又將工具化歷史、簡單化歷史，乃至「形骸化歷史」？但沒有現實的急迫心，那是否會往而不返，在歷史的黑洞或小樓中皓首考史呢？有不少認真的學究，窮其畢生之力，進入歷史回到過去，但從沒有回到當今向我等展現他的史識。要如何才能安頓好這顆迫切的要介入當下的心呢？我們要如何才能在無窮的認識論或方法論的反思辨明的功夫中，行所當行，止所當止，從而樹立起我們在當代的歷史寫作——歷史是這樣的，這是我的說法（一種寫史），並以這樣的思想與寫作干預歷史呢（另一種寫史）？

其次，當我們明瞭了「批判學術」的某種依賴性，依賴於某種被「形骸化」了的概念或理論，且知其為非時，並不意味著我們知道了該如何做我們的「重新認識中國」的「學術」。在語言問題上，錢穆先生曾慨嘆他的困境，表示用新的同時也難免西化的現代語法

來表達他的古典中國知識，是一種知其不可為而為之的作法。但撇開這個受語言深度制約的問題外，我們如何能真正達到一種不依傍呢？批判知識或現代理論背後有強大的西方文化沉澱做它的支撐，而這應該並不是西方學者的自覺選擇，而是他們的注定承襲。那我們要如何在我們的思想史功夫中，面對這種承襲呢？換言之，「古典」對我們的意義為何？我們如果不承襲某種資源（當然任何資源本身也一定是某種限制），那我們又如何進入到必須要有某種共感會意的歷史中呢？我必須要部分是他，才有可能理解他。所以，抱持某種從儒家或更早的歷史所開出的一種世俗化的、身家國天下一體感的中國式「人文精神」，是不是進入歷史所必須有的一種自我承擔呢？孫歌書中所描述的那種「走在懸崖邊上」的耿定向式的立場，是否竟也是必要的呢？我還是沒法想像完全的騰空。而那種自由又是否意味著墜落呢？

第三，與上一個「古典」的問題相關，那就是如何看待「人民」的問題。有一種對我而言很有吸引力的說法是：古典精神在老百姓的人倫日用當中。人民是歷史傳統的載體，承擔了「天理」與「公道」。我似乎必然會接受這個說法或信念，好比方才當我在說明「批判知識」的社會基礎時，曾指出這種「批判知識」其實僅僅存在於都會的、菁英的「言說界」中，而海量般的人民則是這個圈圈之外的「沉默大眾」時，我其實是把後者當成某種未被闡明的「理」的真正載體；這個理別無他處可尋，必然是在人倫日用之間。但是，這個「沉默大眾」，在唐宋、在明清，如果曾是某種倫理天道的載體，所謂天視自我民視天聽自我民聽，那麼今日還是如此嗎？我是信也是不信的，而我認為不信也是必要的。這就牽涉到對資本主義現代性

力量的評價問題了，而這就牽涉到如何面對這些被史無前例地創造出來的各種「欲望」的問題了，也就是當「穿衣吃飯」不再是「穿衣吃飯」的問題了。以百姓或人民為正當性的不竭泉源，是要質疑的，或許正是因為我們希望相信。

寫到這裡，我有點忍不住想要順便談談我心目中的王陽明與孫歌／溝口筆下的李卓吾的區別，雖然我自知並非合格的討論者。坦白說，我還是比較認同王陽明，但這絕不表示我接近陽明，而是我感受到陽明指出的我的病。溝口／孫歌都傾向於認為李卓吾不媚俗、特立獨行，知識與道德皆然。但李卓吾有一個根本的地方是媚俗了，他相信老百姓的天德，而認為聖人之學被俗儒給弄得都適得其反，名為教化，實則作偽，而以教條框陷人心，更是一種暴力。因此，李卓吾說「巧」，說「不容力」。但這是否是說給「上根者」的呢？李卓吾的說法，是否更常是一種夫子自道，而非真正在說現實中的人民？李卓吾揚巧抑力的說法，會不會讓人們在「穿衣吃飯」的日常中，喪失了一種「事上磨練」的能力呢？巧與力的區分或許是一個不幸的區分，不用力如何格物？如何去除心賊？如何向自身的惡奴用兵呢？李卓吾放棄了陽明學中的「兵」，是否也放棄了在沒有一神論指導下的中國傳統中每個人的「克己」呢？以巧取消了力，那是否會導致「心嚮往之，力莫逮焉」的虛無問題呢？陽明曾經分疏了巧與力的問題，我覺得說得很好，他說，巧好比射箭瞄準了紅心，但你得有力才能於百步之外達到目標啊。在明末所展現的「近世性」的欲望升高中，李卓吾看到「力」的虛偽教條，而強調得意忘言與不傳之學的「巧」，那是否反而是揚湯止沸呢？而他的這種教訓，在今天的、我們的世界中又是如何呢？讀孫歌的溝口的李卓

吾,後者總是讓我想起尼采,因為尼采不就是以他查拉圖斯特拉的方式「巧」到姑射山之巔,無法教、無法學,從而無法與人同嗎?李卓吾那麼強調百姓生民,但是否「弔詭地」與百姓日用距離得更遠呢?這些我都誠然不敢真下判斷,因為——我沒有讀過李卓吾,甚至連孫歌/溝口對李卓吾的再現恐怕都掌握得不是很好。但我想從這裡提出一個多少有些現實性的論點:如果強調「巧」,是以「克己復禮」的文化問題意識被取消,被反射性地嗤之以鼻為代價,那麼是否意味吾人只能認定人類社會的終極秩序是來自外在的法、力與理,或刑、兵與神?

這就聯繫上了我前頭的第三個困惑,關於「人民」的困惑。我們是否在重新思索「天人問題」時,不把「天」完全化約到「人」,或當代社會主義革命的反之,而是將天與人重新以一種「中國的方式」恢復其歷史活力,而這其實也是在重新面對一神論的「神聖性」在當今的誘惑。當今,有那麼多中國老百姓信基督教。為什麼?基督教的當代勢頭,不也間接說明了「中國做為一種方法」的現實危機嗎?為什麼王陽明吸引我,可能也就是因為陽明以「良知」之名,提出了一種類似「反烏托邦的烏托邦」,「反神聖性的神聖性」,在那裡,一種西方認識中所熟悉的二分世界的超級穩定性被挑戰了。

當我說,「孫歌的溝口的李卓吾」時,當然表示的是我對李卓吾的理解是間接又間接的。孫歌不完全是間接的,烏屋之故,她也直接回到了李卓吾的原典,且多有她自己的興發。但即便是我這個間接的間接理解,也讓我依稀覺得孫歌/溝口與他們所傾心的李卓吾畢竟已經是兩種人了。李卓吾似乎並不是一個純粹學者,而孫歌/溝口似乎是。當我說李卓吾不純是一個學者的時候,我的意思是,

我們很難把他的「學術」和他的「政治」，以及更重要的，他的「道德」，這三方面析離。李卓吾想要成為一個什麼樣的人，他的人生的理想，他的自我的期許，簡言之，他的一種道德或是「類宗教」的視野根器，可能是他殫精竭慮思索「知識」問題的一大源頭，而且是與其他我們現代人所能指認的範疇有機地編織在一塊兒。我不是說孫歌／溝口沒有，也許是安置在另一個層次中，在他們的書寫裡，他們是更加有意識地將一種如何構成有效思想史的認識論問題給突顯出。是在這個意義上，他們成為了學者，而且誠然是可敬的學者。但是，中國古人的那種學問、道德、人生與家國政治的一體性，在這個不得不的現代學術操作中被撕裂了。這不是孫歌／溝口的問題，是我們所有現當代「學者」的問題，我們似乎注定了無法把一種「為己之學」給內外交織圓融一貫地展現在我們的書寫人生或人生書寫中了（兩種寫史）。這讓我產生了一種警覺，這樣的一種「以中國為方法」的認識論探索，是否在一種最大的知識與人生格局上，已經被西方化了呢？如此淺薄又斗膽地提出這個問題，如睿智的你所看出來的，並不是對孫歌／溝口的批評，而是自己的疑惑的反應。而清末民初的「學者」如梁啟超、章太炎或魯迅等，是否因為他們仍然在某種「中間狀態」，仍然更好地保持了某種「知識」與「道德」之間的張力呢？而當我洩露了我的這些困惑時，我是否也同時洩露了一個奇怪的事實：「批判知識分子」的這條路，我也許竟還沒走盡──我仍然糾結於一些混沌不清糾結萬分的問題上，難以決絕地向「批判知識分子」告別呢！但同時，我也清楚的是，這樣一個「批判知識分子」將絕對難以是過往足跡的繼續；可能看來仍是同一片風景，但不再是那座山，也不再是那條水了，一切皆因重新認識

中國故。也許可以期待將來能出現一種有著新的形式與內容的「中國的批判知識分子」，而那時的「中國」不再是一個可有可無的修飾詞，表示此人的血緣出身或空間所在，而是一種「原理性」的表達。

2015年中，或竟是初？呂正惠教授在遙遠的一個山城寫信給我，希望我為人間出版社即將出版的孫歌老師的大作作序。這封信迷失在信息大海中，而老呂以我不作覆而獨自快然。後經解釋，展顏咧嘴而樂。我不知道老呂為何希望由我來寫序，我猜想，可能是之前他讀過我寫過的一篇關於《傳習錄》的讀後感吧，但我顯然不具有能為孫歌的這本書寫序的能力。它雖然僅有兩章，但這兩章都是孫歌多年精讀溝口之文，深識溝口之人，並戮力主持溝口作品集的巨大翻譯編纂工程之下的一個知人知世知思的結晶之作。對它，我焉能置評，何敢置喙？寫一篇真正的「序言」，那所需要的不僅是熟稔孫歌歷來著作，還要大致熟悉溝口先生的思路，也還要多少熟悉明末以來的思想史（特別是李卓吾）與社會史的概況。更何況，在我們中國傳統裡，我為孫大哥寫序，也於禮不合；我不是老是說要「以中國為方法」嗎？說「要重新認識中國」嗎？能不在人倫日用中也「以中國為方法」嗎？我頗躊躇，意欲拒絕。但隨後，作者孫歌來信了，勉勖有加，以一種她所特有的大度與智謀（我想古人裡大概也只有五月渡瀘的諸葛堪與為儔），說：「你隨便寫，愛寫什麼寫什麼！時間上呢，慢慢來，一點兒也不著急」（大致如此）。擒縱之間，我答應了。本來打算利用暑假寫完，但計畫學術的困難多少類似計畫經濟，雜事紛沓而來，毫無章法，於是接著想說秋季時可在霧都寫，但依舊時間擠壓斷碎，無法靜心寫作。在看來這篇序非

得黃了不可的時候，我在一個十月底的會議上遇見了孫歌孫大哥。她友善地嚴肅瞪著我，等我說話，於是內心忐忑無比的我只好簡潔地說：「十二月底交稿」，於是她說：「就等著你說這話」……。而說實在的，要到十二月中才真正能找到些比較連貫的時間以及適合的心情，再次閱讀並動筆。但直到寫完了這個序，我才發現了我的另一種非典自私，因為這篇「序」於作者或讀者可能是毫無意義，但對我自己則是重要的，它給了我一個反思自身知識路途的一個寶貴機會。孫歌的這本書，讓一個試圖從某種「批判知識分子」身分顛躓走出的人，能夠讓一些回顧與困惑得以以一種更清楚些的方式呈現。我寫了以上這些文字，雖然無論如何稱不上「序」，但至少是一個從我這個讀者出發的一個認真回應吧，也總希望庶幾不致過度玷汙呂教授與孫大哥的「識人之明」吧，但後者就不是我所能判斷的了。不能為序，不敢為序，是以為序。

2015.12.28
於大度山

上篇

在中國的歷史脈動中求真

　　早在2007年前後，北京的幾位朋友就開始策畫翻譯溝口雄三氏的作品集。在這個時期，溝口的幾部重要著作的中文版已經問世，特別是《中國前近代思想的屈折與展開》，引起了很多中國思想史學者的關注。為了更好地理解這部著作，幾位不懂日語的朋友制定了一個翻譯計畫，打算把溝口其他的論著盡可能地翻譯過來，並且為此邀請我擔任監修工作。對我而言，這是個很艱難的決定。由於我一向對於中國思想史沒有什麼造詣，主持這項翻譯工作，意味著我必須要放慢自己手頭的工作、騰出時間來補課。對於當時在自己的研究中正面臨很大壓力的我而言，這是個很不實際的選擇。但是，我最終還是答應了這件事。連我自己也沒有想到，在日後與譯者們合作的過程中，隨著漸漸地進入溝口的著作群，對中國宋明理學和明清思想史缺少興趣的我竟然逐漸對其產生了強烈的興趣。或許正因為如此，當八卷本的《溝口雄三著作集》譯文終於付梓之後，我卻無法釋然。似乎有一件事還沒有完成，我需要對此有個交待。這件事就是，當我從不情願地捲入主編和監修工作到日益被溝口的思想史世界所吸引，在這個漫長的過程裡所發生的變化，促使我開始感知中國歷史脈動的體溫：溝口是一位非凡的嚮導，他為我

開啟了一個新的世界。作為溝口的讀者，而不是作為溝口著作的翻譯主編，我需要把自己的這個閱讀過程轉化為思想史研究的營養。

我並非中國思想史學者，對於溝口雄三氏的研究領域，我是門外漢。作為一個外行，我沒有能力對溝口思想史研究的學術貢獻進行正面討論，事實上，我也盡量避免這樣做。但是作為日本思想史研究者，當我帶著自己研究中的困惑閱讀溝口著作的時候，我跨過了不熟悉的史料和溝口的對話語境，被溝口獨特的「結構意識」深深吸引。那是一種幾乎接近於本能的、以經驗研究的方式呈現的理論洞察力，這種洞察力並不憑藉理論呈現自身，而是借助於設定問題、運籌問題的方式暗示著它的存在。或許正是由於這種洞察力的存在，使得我可以跨越外行的閱讀障礙，對溝口的研究發生興趣，並產生強烈的衝動，試圖勾勒溝口研究中這些吸引我的基本要素。儘管我不是寫作下面這些內容的合適人選，我仍然甘願不揣淺陋，做一件專業人士決不會做的事情——以外行的方式斗膽談談我所閱讀的溝口學術，以祭奠這位具有創造力的學術前輩。關於溝口中國思想史研究中那些具體觀點的得失，或許應該留給專業人士去討論，事實上，我對於這一類問題也沒有多少興趣。我感興趣的僅僅是溝口推進他的問題時所使用的視角、他研究中國思想史時所提供的那個結構性的基本假說。在溝口沒有來得及完善的關於中國長時段歷史解釋的結構性假說中，暗含了非常豐富的學術前景，它使我感覺到自己對於中國社會的歷史和現狀進行解讀時的基本困惑獲得了某種解決的可能。

本篇與下篇的初稿原是為中文版《溝口雄三著作集》所寫的導

讀。[1]在校譯溝口主要著作中文譯本的過程中，我得以把溝口一生的寫作連貫地加以考察，從而獲得了一個整體性的印象；這個印象進而發展為一個結構性的認知，它引導我重新理解溝口的具體論點。溝口的每一個假說，每一項分析，甚至他在一生各個時期裡所關心的那些一貫性的基本問題，在單獨抽取出來進行討論的時候，似乎並未顯示出特別的原創性力量；但是如果在溝口思想史研究的這個整體性結構中重新審視那些基本問題點，就如同一張大網的網扣一般，這些問題點從不同的位置上相互呼應，絲絲入扣地結合為一個有機體，從而引我進入了有著內在結構的思想世界。可以說，他給我們表述的這個思想世界，是由一個原創性的假說——對於中國歷史基體的結構性解釋——所支撐的。溝口經常說，思想史研究就是對解釋歷史提供假說，而我深感興趣的是，他的這個關於中國歷史基體的假說是如何形成的，又是如何展開的？

一、飢餓感與窘迫感：躍動著生命感覺的明末

溝口雄三的處女作《中國前近代思想的屈折與展開》（本文以下均簡稱《屈折與展開》）由東京大學出版會出版於1980年，這本並不按照常規寫作因而有些難讀的著作雖然沒有引起他後來著述那麼

1　《溝口雄三著作集》共八卷，由三聯書店於2011年至2014年分兩批出版，本篇的初稿為前四卷（2011年）的導讀，下一篇的初稿為後四卷（2014年）的導讀。收入本書時，在原有的基礎上進行了大幅度的改寫。特別是本篇的寫作，由於寫作初稿時對溝口的理解尚不深入，故初稿在寫作本篇時無法提供有效的幫助，本篇僅吸收了其中的少數段落。

廣泛的反響，卻是他一生中最重要的著作。他關於中國思想史內在機理的結構性思考，他對於思想觀念的歷史性和狀況性解讀，更重要的是，他為思想史研究注入的具有高度人文精神的洞察力，都在這本著作中集中地呈現出來，這些構成溝口學術基本品質的要素，不是作為結論和觀點，而是作為看問題的視角，作為推進問題的方式，潛在於他整個的分析論述過程。

當溝口攻讀碩士的時候，開始對李卓吾發生了興趣。據說他閱讀了當時日本學界對李卓吾的研究之後，詢問導師入矢義高：如果研究李卓吾，應該讀些什麼。入矢的回答是：當然是李卓吾的原著。於是溝口買來了當時能夠買到的所有李卓吾的原著，開始日以繼夜地攻讀。為了準確地理解李卓吾，他甚至逐字逐句地翻譯了《焚書》。

沉潛於李卓吾的結果，使溝口對日本學界前輩的李卓吾研究發生了懷疑。他發現，這些便於理解的李卓吾研究，基本上依靠的是在日本學界通行無阻的西方現代性理論，它們可以很快被讀者接受，卻似乎並不能有效地解釋他所閱讀的那個李卓吾的思想世界，也無法有效地揭示李卓吾所在那個時代的歷史特徵。僅僅從這個樸素的懷疑出發，他開始了自己的學術旅程。

李卓吾在明末是個特異的思想家，甚至他作為思想家是否能夠成立這一點都是個疑問。這是因為，他並沒有如同其他思想家那樣提出可以稱之為思想命題的關鍵概念，而且他的很多論點看上去似乎還存在著嚴重的相互矛盾。然而，溝口卻在明末思想人物中選擇了他，並試圖借助於李卓吾來理解明末清初處於時代巨變中的中國社會。這當然意味著，在學術生涯的起點，溝口就選擇了一種有別

於既定學術習慣的思考方式。

《屈折與展開》第一章從一個看似平常的掌故說起：遊歷北方的李卓吾因過度飢餓而不分稻粱黍稷之別，而給他黍稷充飢的主人則說：「子今以往，不做稻粱想，不做黍稷想矣」。李卓吾對此發出感慨道：「使余之於道若今之望食，則孔、老暇擇乎？」[2] 這是李卓吾關於「飢餓狀態」的表述，以思想上的飢餓狀態為原點，他引申出打破既定的孔、老、佛等一切教義的界限、否定既定道統觀念的外在規範、深入自家性命的「生命之道」。溝口指出：這個掌故的關鍵不在於它的真偽，而在於它所表達的那份強烈的「飢餓感」足以使人失去辨別各種事物界限的從容。值得注意的是，在書稿開篇之處，溝口就似乎不經意地帶出兩種絕不會被學術概念所容納的日常生活感覺：飢餓感與失掉從容之後的窘迫感。而恰恰是這兩種感覺，建構了溝口對於明清轉折期思想史的解釋基調。在明末李卓吾的時代，這種思想上的飢餓感並不僅僅是他的個人體驗。溝口援引與他同時代的周汝登、焦竑、耿定向的相關言論，指出在明末時期因無法滿足於既定的脫離現實的道統觀念，已然出現了一種探索真正意義上的天則之自然的思想潮流。因此，這時的思想人物往往使用關於「飢餓」的比喻。

於是溝口的探討從這裡開始。作為一種時代潮流，這種飢餓感的內涵是什麼？那種打破儒釋道界限的求道態度背後，隱藏著的是什麼樣的主體意識？

以飢餓為比喻的求道態度，暗示了一個邊界意識：明末的思想

2　李卓吾：《焚書卷三‧子由解老序》，中華書局，1975年，頁110。

人物如飢似渴地探求新的「理」，是因為已有的道統觀和社會通行觀念讓他們無法滿足，從而造成了思想上的空洞狀態。而他們試圖解決的問題，與其說是更新道統觀念或者改造社會理念，不如說是解決自身的「飢餓」問題，換言之，這個填補思想上空洞狀態的目標，才是第一義的。以「飢餓」為原點去理解明末的思想趨勢，導致溝口做出了如下判斷：李卓吾的飢餓感強大到讓他狼吞虎嚥以至於到了分不出是黍是稻的程度，但這種忘我的態度並不意味著他完全失掉了自我。在因為飢餓而忘記自我的同時，他還有一個審視著這個忘我的自我。這是獲得了飢餓自覺的自我。這個自我所關注的，並不是由於飢餓而去除掉的三教之間的界限，而是飢餓本身的空洞狀態。換言之，溝口提示的問題在於，以李卓吾為代表的明末思想人物，他們把「自家性命的下落處」作為第一義的追求，對於儒教佛教等等教義的論辯則服從於這個自家性命的需求。正由於此，明末思想家中存在著一種氛圍，對於那種與生命無關的知識討論採取嚴厲態度。李卓吾在這一點上尤其到了近乎潔癖的程度，他對於沒有「飢餓感」的論道者一律表示蔑視，認為他們根本不懂學而不厭的真實涵義，即使自稱學而不厭，也是虛假的。

以這個「自家性命」作為起點，使溝口進一步推進問題的方向具有了特別之處。他承認明末思想家的飢餓感包含了自我意識的張揚，但是卻為這種自我意識規定了明確的邊界：「我在開篇處之所以強調他們並非針對外在規範而張揚自我內在的充實，而是在張揚自身的空洞狀態，不外是為了在明末人士的這些表述中確認他們的自我意識。他們表述出的意欲是：渴望著依靠真正的理來填充因墮入虛構而形骸化的理所造成的飢餓，填充因飢餓而造成的空洞狀

態。他們既非意在對抗外在規範的清規戒律而謀求人的解放，亦非謀求『相對於社會理性而主張個人理性的獨立化自律化』和『對立於天理的社會的人欲社會』的自立；同時也不是意在建立『對精神來說最為本源的區別』意義上的『天人分裂』，也就是說，他們並非在謀求人脫離天則以自立。他們並不是在張揚上述意義上的自我。」[3]

溝口在此引用的兩個說法均出自島田虔次著《中國近代思維的挫折》[4]。特別是第二個說法，原文為「正是天人分裂，不能不構成對精神來說最為本源的區別」（重點號為島田所加），這是島田在這部名著的第四章〈一般性考察〉中提出的核心觀點。在這一說法的上下文裡，島田由於依靠西方近代視角，故自然地產生了一個疑問：李卓吾作為王學左派最後的巨頭，他所體現的心學最尖銳的觀點後繼無人，以至於到李卓吾就斷絕了──這是為什麼？他認為，這是由於李卓吾代表了「對抗社會性社會」的「個人的社會」。而這一「個人的社會」，事實上正是代表了與傳統士大夫代表的統治秩序相對立的庶民新興階級。但是，島田認為明代後期並沒有形成諸如西歐第三等級那樣的有自己政治要求的新興階級，庶民只不過在消費士大夫文化，所以王學左派尤其是李卓吾並沒有一個可以依託的社會階層，庶民的能量沒有結晶為作為階級的能量，因而只能在士大夫階層內部生產與士大夫理念不相容的文化批判。這個批判經由陽明心學，到李卓吾這裡完成了。這是士大夫階層內部機制極度鬆弛情

3　溝口雄三：《中國前近代思想的屈折與展開》（後簡稱《屈折與展開》），東京大學出版會，1980年，頁67。

4　島田虔次：《中國近代思維的挫折》改訂版（以下簡稱《挫折》），筑摩書房，1970年。卷1，頁12；卷2，頁125。

況下所必然興起的異端，是文化爛熟時期的必然產物。李卓吾不留
情地批判那些徒有表面教養與皮相風雅的庸俗文人，追求真人與真
情，同時徹底否定教養、痛斥假道學甚至玩世不恭。島田指出：
「由於某種意義而不斷地謀求神聖，顯示了純粹精神的熱情；然而
神聖業已消逝，而新的神聖尚未被賦予——正是在這一歷史時刻，
作為一種悖論，產生了玩世不恭。」[5]出於這樣的判斷，試圖探究中
國思想內在體系的島田也不能不言不由衷地透露他的感覺：「這就
是說，中國近世的庶民並沒有如同西歐新教徒那樣立足於禁欲的生
活原理，自覺於『無文樸茂』才是人應該有的活法，從而徹底憎惡
詩酒官場，徹底否定教養(重點號為島田所加)；誇張一點地說，中
國之所以不得不成為停滯之國，原因就在這裡；在中國資本主義的
發展最終不得不止步在投機短視的獲利階段，原因也在這裡……」[6]

　　島田的這部名著無疑為溝口的研究提供了很高的起點，他在本
書中也多處援引了島田關於明末思想人物的分析；但是這些引用只
限於島田對具體史料的分析，卻無關整體的判斷。溝口與島田，作
為兩代學人，顯示了日本中國學長足的進展。溝口在繼承島田學術
分析理路的同時，對他推進問題的方向進行了修正。上述溝口的論
述鮮明地體現了他與島田在分析方向上的差異。在島田那裡，明末
人士對於繼承道統規範的質疑體現了近代思想的萌芽，亦即個人理
性的確立、擺脫天理羈絆的人欲社會的自立；而產生這些變化的基
礎則是「天人分裂」，亦即「人」從被動地束縛於「天」的狀態中解脫

5　島田虔次：《挫折2》，筑摩書房，頁167。

6　島田虔次：《挫折2》，筑摩書房，頁161。

出來，使天外在於人的世界。顯而易見，島田的這些分析背後有著來自歐洲的西方現代性理論的藍本（他本人在後記中也提到，他對近代一詞的使用，有兩個來源，一個是內藤湖南關於中國的近代開始於宋代之說，另一個是日本通行的西方歷史分期概念，具體內容則依據馬克斯‧韋伯關於近代精神的闡釋）[7] 而現代性理論不僅在島田的時代，即使在溝口的時代也構成強有力的集體無意識。它不僅是學術分析的工具，也潛在地構成了價值判斷的前提，因此易於傳達也易於流通。

　　但是溝口提出了不同的思路。他強調明末思想家的「飢餓感」，正是這個思路的關鍵環節。與島田集中進行概念分析的學術方式不同，溝口把生命本身——為了活著必須吃飯，因此飢餓是鮮活生命的最深刻體驗——作為討論的起點。飢餓不是觀念，是活生生的生命狀態；而飢餓感造成的緊迫感，也同樣無法依靠觀念準確地加以理解。在討論的起點，溝口就把包括西方現代性理論在內的觀念性推論置於次要位置，不僅沒有把所謂「近代精神」作為前提，而且也沒有把它作為基本的分析工具。他緊緊抓住「飢餓感」，把它導向明末的時代精神，展開了一個無法回收到現代性理論中去的歷史圖譜。溝口說：

　　明末人士之中，李卓吾之所以稱得上是島田虔次氏所說的「無與倫比的獨特存在」、成為特立獨行的人物，並不是因為在他身上可以發現「幾乎可以稱之為『近代精神』」的「過早誕生」，

7　島田虔次：《挫折 2》，筑摩書房，頁 259。

而是因為在他身上可以發現他對於飢餓的自覺達到了「無與倫
比的獨特」的深度;正是這種對於飢餓的深度自覺,使他拒絕
虛構的「假」,渴望應有的「真」。除此之外,並無其他。[8]

在此辨析之下,問題被引向另一個方向:確認中國是否在明末
產生了過早誕生的近代精神不再是討論的目標,討論的核心是飢餓
感的深度之別使李卓吾如何在同樣拒絕虛構之理追求真實之理的同
時代思想人物中特立獨行,他與同時代思想家之間這微妙的差異具
有什麼樣的思想內涵。

溝口花費很多篇幅論證,在李卓吾那裡,這種飢餓感不僅僅把
他導向不分別儒釋道以及其他教義之間的差異或對立、從而建立打
破一切外在規範的思想立場,而且把他最終推向「無善無跡」的求
真之境。事實上,這正是李卓吾與他同時代其他激進思想家的差異
所在。儘管他們都自覺到了「飢餓」,都張揚自身的「空洞」狀態,
都把自家性命作為求道的落腳處,也都對已經無法對時代課題做出
回應的道統觀念提出了疑問,但是,在其他思想家的質疑中,他們
雖然質疑了儒家綱常的虛假性或者其內涵,但卻並不追問儒家綱常
這一前提本身,因而他們在對於具體內容的質疑中強化了他們不加
質疑的儒家綱常前提;而在李卓吾那裡,這一對於綱常的堅持和強
化本身就構成了虛假的預設。他要打破一切作偽,在無善無跡、無
人無己的狀態下追問生命之道,這也就意味著他不僅要否定已經變

---

8   溝口雄三:《屈折與展開》,東京大學出版會,頁67。引文中所引島田的說
     法,出自島田《挫折2》,頁30、頁81、頁143。

得虛假的儒家道統觀念，而且要進而否定一切先在的觀念，在空無依靠的狀態下去尋求生命之道。

　　如上所述，溝口在把飢餓這一感覺帶進思想史視野的同時，也帶進了另一種感覺，即「無法從容」。可以說這是一種身不由己的窘迫之感。例如溝口多次在描述李卓吾時提到了這種狀態：例如他引用李卓吾所說「惟德有未明，故凡能明我者則親之；其不如己者，不敢親也；便佞者、善柔者皆我之損，不敢親也。既不敢親，則惡我者從生焉，我惡之者亦從生焉，亦自然之理耳」[9]一段，指出李卓吾這段話顯示的是他深感自己處於無法遏制的飢餓狀態，從而不能奉陪那些並無飢餓感之人去從容區別那些觀念上的問題；更何況來日無多，他乾脆只親近那些可以在求道之路上的「明我者」，而疏遠不能明我之人和愚人、小人，即使因此導致毀謗也在所不惜。「他說，自己餘命無幾，沒有功夫跟這些題目糾纏。」[10]「他幾乎是以與死神賽跑的心情急匆匆地活著」。[11]這種超出一般意義上的、由於內在的「緊迫感」而使得主體無法停頓下來的狀態，被溝口最大限度地點化為明末思想的基本特質。為此，他把明末思想人物作為關鍵詞而屢屢使用的「不容已」作為本書的關鍵概念，並使它承載了厚重的歷史與思想含量。

9　李卓吾：《焚書・增補一・答李如真》，中華書局，1975年，頁253-254。

10　溝口雄三：《屈折與展開》，東京大學出版會，頁73。

11　溝口雄三：《屈折與展開》，東京大學出版會，頁102。

二、「不容已」：無法妥協的觀念感覺

　　不容已並不是李卓吾獨有的用語。在李卓吾的時代，這是個在一定範圍內被共享的慣用語，李卓吾和耿定向之間，還圍繞著不容已的真機有過一場有名的爭論。儘管不容已在每位思想者那裡的涵義不盡相同，但是在傳達「無法克制的生命衝動」的意義上，它是那個時代飢餓感與窘迫感最具哲理色彩的升華版。溝口指出：「所謂『不容已』，如前所述，就是試圖把人的自然置於其深層的衝動之中、置於其原初形態之中來看，就這一點而言，是把毫無造作的自然態視為本來性的用語。」[12] 正是不容已這個無法被靜態化處理的關鍵用語，最為傳神地點化了具有「飢餓」與「窘迫」性格的明末思想狀態，並開掘了一條無法套用西方現代性理論基本範疇來解釋的歷史脈絡。不僅無法用個人主體性之類的視角去解釋不容已，甚至挪用弗洛伊德的精神分析學解釋也是無效的。在溝口眼裡，這種「孤絕且毫不間斷的飢餓，由於它是一種拒絕了所有預定前提的極限處的絕對之境，因此，食慾的希求已然是無我的自然之希求，甚至就連我本身也變成了不容已的希求。」[13] 總而言之，不容已以強大的衝擊力，衝擊著既成的現實秩序感覺和觀念感覺，這使得它無法如同人們套用西方概念分析問題時那樣地成為一個可以套用的概念，它幾乎是沒有操作空間的；它提供了舞台，卻不提供道具；它潛藏於觀念世界之下，借助於各種觀念暗示它的存在，也作為觀念

12　溝口雄三：《屈折與展開》，東京大學出版會，頁84。

13　溝口雄三：《屈折與展開》，東京大學出版會，頁84。

世界的源泉滋養著觀念，但是假如意識不到它的存在，觀念則枯竭為被隨意擺布的木乃伊，失掉它的鮮活與流轉。這正是李卓吾所斥責的不知飢餓之人的虛假之學。

　　溝口對於明代後期的理觀有這樣一個基本的描述：「人們認為，對於理的摸索需要以性命之道為本，『凡為學皆為窮究自己生死根因，探討自家性命下落』；這種說法的產生是由於明代後葉的理觀可以用自家性命這四個字最為確切地得到表達，而基於這種觀念，性命二字在這一時期最為多用，宛如明代中葉的理觀最適合用心或者良知來代表那樣。」[14]

　　這是對「不容已」之特質的最準確詮釋。不容已是明代後期理觀最充分的表象，自家性命作為明代後期理的載體，顯示了當時思想家們特有的現實主義態度。從總的思想潮流上看，明末人士拒絕外在的道統規範意識，以「飢不擇食」的態度重新探索切合現實之理，必然把生命本身作為思想的落腳點。正如後來溝口在一系列關於中國思想關鍵概念的解讀中所揭示的那樣，這一對於生命的形而下探討，為中國思想史規定了特定的走向。關於這個整體的思想走向，我將在後文展開討論，在此我希望僅僅把討論集中在明代後期理觀的整體潮流上。這個潮流所體現的對於生命的自覺，正如溝口所說，是對於飢餓的空洞狀態的自覺，而不是對於自我充實的強調，這意味著這一主體的自覺不能簡單歸入西方啟蒙理論中自我意識的範疇。這一關鍵的區分使得討論獲得了新的方向感，它不同於「自

14　溝口雄三：《屈折與展開》，東京大學出版會，頁65。引文中所引語句出自李卓吾：《續焚書卷一・答馬歷山》，中華書局，頁1。

我意識的覺醒」，反倒奠定了其後展開的有關「無我」、「無善無跡」
論述的基礎。然而還有一個需要在此強調的問題是，由於溝口在生
命本體的意義上解釋明末理觀的時候，依靠的是不容已這種基於思
想飢餓感和焦灼感的自覺意識，這也同時奠定了他一生思想史研究
的動態性格——他後來使用的各種概念，也只有置於這種動態的生
命脈絡之中，才能獲得理解。如果把個人「自家性命的下落」轉換為
時代思想品質的話，那麼可以說，溝口終其一生建構的關於中國原
理的假說，恰恰建立在這種具有高度內在緊張的歷史感覺之上。

　　與歷史上其他時代一樣，明末人士對於理的重新探討也是以
重新解釋經典的方式進行的。只不過此時的經典已經不拘泥於儒、
釋、道之別，只要對於生命之道有利，就都可以成為充飢的米飯。
因此，比起三教之別來，借助於經典來「辨偽」成為更重要的課
題。溝口舉出的例子是《孟子・萬章（上）》中舜對謀害自己未遂的
弟弟象以德報怨的故事。孟子否認舜面對掩藏了殺機而忸怩的象表
現兄弟之情是「偽喜」，他的解釋是「象憂亦憂，象喜亦喜」，「彼以
愛兄之道來，故誠信而喜之，奚偽焉？」對於這段故事，程子與朱
子的注解基本上與孟子是一致的，都認為舜之喜是由於兄弟之情不
能已，屬於人情天理之至。[15]

　　李卓吾也承認這個故事中舜表現出的歡喜之情是真實的，但是
卻認為從孟子到朱子對於這個歡喜之情的解釋不能成立。因為假使這
個解釋成立，那就意味著要麼是舜不知道象要殺自己因而是不智，
要麼是舜因為可能被殺而表現出高興因而是不誠，這兩者都不合《孟

15　朱熹：《四書章句集注》，中華書局，1983年，頁304。

子》對這個故事的講述；象的殺機並不會因為兄弟之情而消散，因此舜之喜只能是「偽喜」；但是，由於舜除了以喜象博得象之喜之外別無他法，故這個為了能活下去而採取的偽喜，在不得不如此的意義上，卻是「真」的。只是這個真，並不是喜之真，而是不得不喜之真。在避免被殺和使象得養的意義上，舜不得已的偽喜是正確的。與此相通，李卓吾也對以德報怨進行了自己的解釋：他同樣認為以德報怨是「作偽」。在他看來，君子是以直報怨，且對於無怨於己者也同樣報之以直。只有在此種不分別的情況下，這種直才稱得上是「德」。而針對著怨來報德，由於分別之心，反倒是作偽了。[16]

　　溝口細緻地指出，在李卓吾這些辨偽的論述中，他並未否定德本身，他只是希圖更為接近事實罷了。在李卓吾對於理和道的追索中，他也同樣沒有否定理與道，他否定的僅僅是由於外在性而變得虛假從而形骸化了的理與道。接近事實地重新詮釋經典，是明末嚴峻的現實生活賦予一代知識菁英的課題，李卓吾的態度在這一點上，能夠代表他同時代思想者的心聲。經過明代中葉陽明心學的轉換，宋學中嚴格限制在上層菁英階層的理觀被轉化為民眾生活層面的良知，在日常生活倫理層面上，人人都可以凸顯自身原有的良知並因此而成為陽明學意義上的「聖人」；良知之學同時把「理」強力推向了人類自然的「氣」，從而使宋學中以理收斂自然，即通過性來收斂情的本來一元論轉化為不合情性（即不合自然）之理皆可排斥的相即不二論。這個理觀在內涵上的再造，為明末的知識菁英們準備了飢餓時的米飯，但是並不足以讓他們填飽肚子。於是，明末出現

16　李卓吾：《焚書卷四・八物》，中華書局，頁159。

了以安頓「自家性命」、「吾心之天則」為基調的思潮，而自家性命的下落處，不僅僅是個人的生活面目，它成為新的理觀的落腳處。

李卓吾處於這個思潮的主流之中，可惜他走得太快，離同時代人太遠。用溝口的話說，這使他成為「走在正統路上的異端」[17]。或許因為他比同代人的飢餓感更強，更無法得到滿足，於是發生了種種齟齬，並導致了晚年被彈劾。就中，溝口最為關注的是他與耿定向關於不容已的爭論，這集中體現了李卓吾思想的特異之處。

《焚書》卷一中收錄了李卓吾寫給耿定向的長信。這是一封語氣嚴厲措辭激烈的信，幾乎近於絕交辭。例如信中說耿定向之所以執迷不悟，是因為「多欲」：「公今既宗孔子矣，又欲兼通諸聖之長：又欲清，又欲任，又欲和。既於聖人之所以繼往開來者，無日夜而不發揮；又於世人之所以光前裕後者，無時刻而不繫念。」[18]接著略顯尖刻地說：耿定向的真不容已處本是貪圖高官厚祿光宗耀祖，卻刻意掩蓋這個本心，宣稱自己是以先知先覺自任，從而承擔繼往開來之大任。這就不是真的不容已之本心了。

李卓吾這個不厚道的說法並不是一種道德討伐。換句話說，他批評的並不是耿定向的欲望本身，而是他以單純而冠冕堂皇的道德姿態掩蓋了自己在現實世俗生活中的「多欲」，也就是說他在「作偽」。同時，即使僅就思想而言，假如耿定向把孔孟之道作為自己思想不加質疑的前提，那麼他對於道教與佛教的兼收並蓄就只能算是「多欲」了。這意思是說，思想上的兼收並蓄如果不能以去掉前

---

17 這是溝口所著李卓吾傳記的副標題。書名為《李卓吾——走在正統路上的異端》，集英社，1985年。

18 李卓吾：《焚書卷一‧答耿司寇》，中華書局，頁36。

提為前提，那就同樣是在兼收並蓄這個問題上「作偽」。細讀李卓
吾此信的上下文，可以找到充分證實李卓吾上述獨特思想立場的論
據。在這封信的前半部分，李卓吾強調耕田求食、架屋求安、讀書
求科第、居官求尊顯的人之常情並無隱瞞必要，因此那些遮掩利己
之心高談利他道理並且以此為據譴責他人的做法，「反不如市井小
夫，身履是事，口便說是事，作生意者但說生意，力田作者但說力
田。鑿鑿有味，真有德之言，令人聽之忘厭倦矣。」[19] 這一說法當
然是針對他所批評的口是心非的道德姿態而言，但是李卓吾從中卻
推導出他對於聖人之道的獨特理解：「聖人不責人之必能，是以人
人皆可以為聖。故陽明先生曰：『滿街皆聖人』。佛氏亦曰：『即心
即佛，人人是佛』。夫惟人人之皆聖人也，是以聖人無別不容已道
理可以示人也，故曰：『予欲無言。』」[20] 這也就是說，李卓吾認為
陽明所說的「滿街皆聖人」並不是在追認市井小夫生活狀態的意義
上把聖人定義為滿街之人，而是強調滿街之人全都存在成為聖人的
可能；而且被士大夫尊崇的孔聖人，正是因為他不責人之必能，且
自謂其於子臣弟友之道有未能，因此才達到善與人同的境界。也就
是說，孔子說自己無法窮盡子臣弟友之道，是因為這四者為人世間
最難，孔子承認自己未能，不是假謙，而是真聖；並不居高臨下地
畫定聖人與俗人之別，故人人皆可以為聖。既然人人皆可以為聖，
那麼耕稼陶漁之人均有可取之善，又何必專學孔子才能為聖呢？

　　在另外一篇書答中，李卓吾談到應該為人之師還是為人弟子

19　李卓吾：《焚書卷一‧答耿司寇》，中華書局，頁30。

20　李卓吾：《焚書卷一‧答耿司寇》，中華書局，頁31。

的問題時涉及到他對孔子的看法：「且孔子而前，豈無聖人，要皆遭際明時，得位行志。其不遇者，⋯⋯夫誰知之。彼蓋亦不求人知也。直至孔子而始有師生之名，非孔子樂為人之師也，亦以逼迫不過。⋯⋯惟孔子隨順世間，⋯⋯遂成師弟名目，亦偶然也。」[21]可見李卓吾對於耿定向代表的偶像化尊孔姿態針鋒相對。用今天的話說，他把孔子「歷史化」了。既然歷史上的聖人並非只有孔子，那麼何必專事孔子家法呢？把孔子作為因未能「得位行志」反倒得以流傳到後世的一家之言來研習不是更好嗎？可見李卓吾對於耿定向「既宗孔子矣，又欲兼通諸聖之長」的做法持否定態度，否定的不是兼通諸聖之長的必要性，而是「宗孔子」的態度。對李卓吾而言，只要以古人為「宗」，就無法真正繼承古人。這與他認為耕稼陶漁之人皆可為聖的看法互為表裡，是去掉所有先在前提的求道態度。這才是他不容已精神的真諦。

　　李卓吾對耿定向說：「公之不容已者是知其不可以已，而必欲其不已者，為真不容已；我之不容已者是不知其不容已，而自然不容已者，非孔聖人之不容已：則吾又不能知之矣。」[22]

　　這段話是為了反駁耿定向。後者把自己的不容已與李卓吾的不容已加以區別且認為李卓吾的不容已不過是自然生發，故背離了孔子的不容已，李卓吾對此不以為然，激烈地反駁說耿定向有執己自是之病；他認為既然人人皆可為聖，則雖各各手段不同，其心為不容已之本心是一致的，何故做此區分，而不相忘於無言？

21　李卓吾：《焚書卷一・答劉憲長》，中華書局，頁25。

22　李卓吾：《焚書卷一・答耿司寇》，中華書局，頁30。

　　然而李卓吾的真意卻不在於抹平自己與耿定向的區別。顯然，他認為即使必須承認他們各自的不容已都是真的，他們之間也還存在著需要加以甄別的原則分歧，這分歧在於對道統之「名」的執著與否。李卓吾認為耿定向「名心太重也，回護太多也。實多惡也，而專談志仁無惡；實偏私所好也，而專談泛愛博愛；實執定己見也，而專談不可自是」，遠不及東廓先生「其妙處全在不避惡名以救同類之急」[23]，可見名本身的好惡並不是判斷聖人之道的標準；甚至就連儒釋道鼻祖，在這一點上也是同樣：「孔子知人好名也，故以名教誘之；大雄氏知人之怕死，故以死懼之；老氏知人之貪生也，故以長生引之：皆不得已權立名色以化誘後人，非真實也。」[24] 李卓吾的意思是，真正的不容已，即使在聖人那裡，也只可意會不可言傳，聖人的言傳之處不過是善誘世人的不得已策略而已。正是在這個意義上，李卓吾認為孔孟的出類之學在於他們的「巧處」：「然究其所以出類者，則在於巧中焉，巧處又不可容力。今不於不可用力處參究，而唯欲於致力處著腳，則已失孔孟不傳之祕矣。此為何等事，而又可輕以與人談耶？」[25]

　　李卓吾關於孔孟「不傳之祕」的說法，原本是他用來說明自己不願為人師的理由；但這個說法卻是理解李卓吾「不容已」的重要線索。他一方面認為萬物皆為同體，人人都可為聖；同時卻又承認聖人畢竟有「出類之學」，但這出類之學卻不可容力，亦即不可通過知識傳授的方式以語詞、觀念加以傳承，也就是說不能夠依靠「名」

23　李卓吾：《焚書卷一・答耿司寇》，中華書局，頁33。

24　李卓吾：《焚書卷一・答耿司寇》，中華書局，頁33。

25　李卓吾：《焚書卷一・答耿司寇》，中華書局，頁33。

加以確認。為人之師,充其量不過是因材施教地以名的方式「化誘後人」,更何況李卓吾認為,當時好為人師的那些作偽之士就連化誘後人的事業也無法勝任;而李卓吾的志向,卻不在於以去偽存真的方式去「用力」,而是在於理解聖賢不可「輕以與人談」的「巧處」。他所說的「不容已」,正是這樣的「不可容力」的精神世界。可見,李卓吾所強調的人人為聖的不分別,其意義正在於拒絕時人「於致力處著腳」的教化論,在於拒絕耿定向偏私自恃的「名心」,在於以不分別為基礎而導向聖人的「不傳之祕」。

李卓吾與耿定向關於不容已的論爭,在當時發生了很大影響。據袁中道描述:「與耿公往復辯論,每一札,累累萬言,發道學之隱情,風雨江波,讀之者高其識,欽其才,畏其筆」。[26]因李卓吾才高氣豪,潔身自傲,目空一世的狂狷之氣令那些視他為異端者日益對他側目,最後終於導致他以筆舌殺身。這凜冽淒絕的活法即使是他的崇拜者也望塵莫及,以至於欽佩他並為他作傳的袁中道自嘆「不能學」、「不願學」。[27]

然而溝口卻從李卓吾這個走在正統路上的異端那裡讀出了遠比個人品行更為重要的時代信息。中國自古多狂傲名士,李卓吾的不見容於他的時代本來不是新鮮事情;但是與以往的異端者有所不同,李卓吾的狂狷卻不止於他個人的品行操守,也遠不是中國傳統士大夫以個人的高潔對抗社會黑暗的手段。溝口看到,在李卓吾的「不容已」和下節將要談到的「童心說」中,包含的正是明代後期歷

26　袁中道:〈李溫陵傳〉,《焚書・續焚書》,中華書局,頁4。
27　袁中道:〈李溫陵傳〉,《焚書・續焚書》,中華書局,頁7。

史轉折時刻的基本原理，恰恰因為李卓吾把它推到了極端，才得以最為清晰地表述了這個時期歷史原理的基本輪廓。

三、童心說：溝口雄三的思考方式

在溝口學術生涯的起點，日本中國學界已經有了相當豐碩的成果。不僅老一代支那學家和東洋學家例如內藤湖南、津田左右吉等巨匠留下了寶貴的學術資源，而且新興的中國學領域裡也有諸如島田虔次、荒木見悟等上一代中國學大家進行了創造性的探索。對於日本中國研究而言，一個根本的問題是如何確認中國的「近代」。特別是戰後日本的史學深受馬克思主義的影響，中國學家大多傾向於認同「奴隸制、封建制、資本主義、社會主義」這樣一種時代區分圖式，同時也自覺面對打破亞細亞停滯論的思想課題，試圖找到東亞歷史發展的軌跡。溝口的上一代中國學家為了突破亞細亞停滯論，已經致力於論述中國的歷史獨特性，建立有別於西方的歷史敘述模式；例如島田虔次的中國思想史研究，不但自覺地拒絕亞細亞停滯論等等西方中心主義觀念，而且試圖借用西方的概念勾勒中國思想史的體系性。應該說，假如沒有上一代中國學家提供的到達點，溝口的中國思想史是無法在起步階段就處在高水準之上的。

溝口對上一代日本中國學的繼承是一種批判性的繼承。例如，他繼承了島田虔次縝密的史料處理方式，也繼承了島田對於歷史人物以及某些重要思想流派如陽明學歷史地位的具體分析，但是卻沒有繼承島田對中國思想史的結構性判斷——島田認為，中國在明代後期發展出了近代思想的萌芽，李卓吾是其傑出代表，但是在其後

的歷史發展中，這種早熟的近代思想遭遇了挫折。溝口認為，島田這一判斷有失於歷史真實。他指出，島田中國思想史研究所依賴的概念和思路其實並沒有擺脫西方特徵，甚至依賴的是明治之後日本接受西方思想過程中形成的概念內容。這些認識論的特徵並不僅僅表現在單獨的概念上，更表現在諸種概念之間的關係上。例如對於中國近代解釋中依賴的天理與人欲的對立、外在規範與內在人性自然的對立、社會的公與個人的私的對立等等。正是因為這些歐洲市民社會概念之間對應關係所具有的約束力，使得關於中國的歷史論述無法擺脫歐洲式的價值判斷，也由此產生了島田對於李卓吾「童心」說的西方式解讀，使他得出中國的近代發生了「挫折」的結論。

溝口與島田一樣，也試圖通過對中國歷史上思想人物的深度解讀來建構對於中國歷史原理的假說。通過勾勒中國思想史中那些基本要素，他試圖逼近導致這些要素形成的內在機制。這個機制的高度動態性格，使得任何靜態的分析都難以有效把握，更遑論來自西方的現代性理論；因此，溝口拒絕使用島田的視角把明末思想界的飢餓感描繪成「主體意識和個人意識的萌芽」，其理由是自不待言的。但是，這並不意味著溝口是個直觀意義上的「文化本質主義者」，亦即不意味著他把對抗西方現代性理論作為自己的思考基點。實際上，溝口在他的學術實踐中忠實地貫徹了他後來在《作為方法的中國》中所強調的學術立場，這就是在把中國相對化的同時，也把西方相對化。

溝口的精神營養與學術營養似乎主要來自他研讀的宋明理學和明清思想家的著述；只是他研讀的方式和他對關鍵概念範疇的解釋方式與一般的儒學常識大相徑庭。但是比起這一切來，顯然更為

本源性地影響了溝口一生治學與思想態度的，卻是生前並不得志、
死後也飽受詬病的李卓吾。這個曾經使袁中道望而卻步的另類思想
家，似乎並沒有因為同樣的理由嚇倒與他相隔了幾百年、同時也相
隔了一重語言文化的溝口雄三，溝口在對於李卓吾的理解上，真正
做到了袁中道評價李卓吾本人的境界——「超於語言文字之表，諸
執筌蹄者了不能及」。[28] 當眾多的研究關注李卓吾如何主張個性張
揚的時候，李卓吾究竟有多少思想建樹成為問題的焦點；然而，對
於溝口而言，語言之表不過是引導他走進李卓吾思想世界的工具而
已，是可以用「得意忘言」、「得魚忘筌」的態度放下的「筌蹄」。李
卓吾吸引他的，並不是這些「筌蹄」，而是那個放下了筌蹄之後才
能呈現出來的世界。這是「不可容力」的「巧處」，只可意會不可言
傳。但是即使在李卓吾，這個無法訴諸語言的世界也不得不訴諸語
言藉以呈現自身，因為他以「上根之人」自命。李卓吾認為，同為
求道，同為在不可容力的巧處下功夫，但也分上下二根，下根之士
只甘為此一世之完人，因此只要自家消受千古格言即可，不必與人
論說；但上根之人則以究明聖人上語為己任，且因不能找到與古人
上乘之談的契合處而焦慮，故見到與自己同道的朋友就要切磋。[29]
換句話說，李卓吾以歷史的傳承為己任，且近乎潔癖地拒絕那些只
知道照搬聖人之言的「執筌蹄者」，他要在不可容力之處，力求傳承
古人的上乘之談，這就在極限之點為自己設計了難題：在不可容力
處「用力」，為難以言說者「言說」。

28　袁中道：〈李溫陵傳〉，《焚書・續焚書》，中華書局，頁3。
29　李卓吾：《焚書卷一・覆宋太守》，中華書局，頁23。

溝口雖然沒有李卓吾的狂狷，志向卻與李卓吾有某種類似性。他似乎並不滿足於自己在沉浸於李卓吾之後獲得的對李卓吾的理解，他要把李卓吾「不容已」之處說出來。不僅如此，溝口似乎在他學術的起點上就直覺到，李卓吾的這種不容已，承載了自己終生所求索的中國原理的基本要素。

關於李卓吾與耿定向有關不容已的論戰，比較易於理解的現代解釋是：李卓吾以耿定向為典型，揭露了道學家的偽善面目，揭露和批判了封建統治者的倫理道德，並平視孔子，提出人人皆可為聖的命題；而耿定向，在這一論述中自然不得不處於代表封建倫理道德的偽君子這一反面教員的位置。[30] 上述這些分析，如果與李卓吾說法中相應部分單獨地對應，似乎也可以成立；同理，如果只是侷限於李卓吾部分言語而無視這些言語的上下文，島田虔次認為李卓吾代表了早熟的現代性的觀點當然也不無道理；然而如果結合李卓吾論述的完整上下文來看，那麼顯而易見，這些分析都迴避了李卓吾最根本的思想核心，那就是他關於「不容已」的看法並不是在主張個人欲望的正當性，當然，更不是在揭露批判封建倫理道德。正如前面所述，李卓吾與耿定向關於不容已的論戰，根本分歧在於如何理解名與實的關係，在於如何防止以聖人之道作為絕對前提的作偽。李卓吾並沒有否定孔子，他在把孔子相對化的同時仍然認為他是聖人，強調唯獨孔子才知道「出類之學」；他也不反對耿定向所

30　例如張建業所做譯注，見譯注本《焚書‧續焚書》，中華書局，2011年。值得注意的是，該譯注在收錄〈答耿司寇〉一文時進行了節錄，原文中有關「不容已」的討論全部被刪掉，只節選了抨擊耿定向偽君子的部分和主張人人皆可為聖的部分。

主張的「封建倫理道德」，雖然他以激烈的言詞抨擊耿定向的虛偽，但重點在於耿對於道統的教條主義態度，因為他不承認市井之人的利益之心也是一種「德」。這就是說，李卓吾並不認為有求利之心是不道德的，只有遮蓋求利之心的道德說教才是不道德的。從學理上看，李卓吾反對的是耿定向把這些倫理道德絕對化之後拘泥於語言文字之表，忘記了不可用力的「巧處」，亦即忘記了儒家倫理的靈魂。

溝口在斟酌李卓吾的不容已時，沒有忘記為耿定向說句公道話。他首先提示了二人在理解不容已真機時的分歧所在：李堅持認為，預先設定了目的的有意有心，即是非自然與非本來，耿則認為李主張的是委身於自然的「無」的放縱，所謂巧處不過是喪失了原點的虛無寂滅，因此也就離開了萬人本來具足的明德，墮落為恣意放縱。但是，這個不可融合的分歧並不意味著李代表個性解放，耿代表保守固陋，李卓吾與耿定向在對於「不容已」的爭執中表現出來的分歧，並不應視為人的立場與綱常的立場之間的對立，而應該視為追求生命亦即人的自然實存秩序的兩種不同方式、或者說是對於「綱常」的兩種生命理解方式。耿定向雖然強烈主張被視為原點的天命之自然，拒絕李卓吾關於無所依傍之「巧處」的推崇，但他卻也試圖以「至情」為媒介聯繫男女之欲的自然欲望與仁義禮智的道德萌芽之間的類同性，使四端之心和色欲相近到毫髮之隔的地步，這使堅持儒家道德前提的耿定向宛如立足於懸崖邊上。溝口說：「我們與其說應該嘲笑耿氏沒有從這個極限處再往前走，不如說應該讚賞他使得四端之心幾乎與色欲差之毫釐；這也就是說，從綱常的立

場看，他已經推進到了沒有任何前進餘地的地步了。」[31]

溝口對於耿定向的這個定位非常重要。這個「讚賞」與其說客觀評價了耿定向，不如說客觀評價了李卓吾——即使被他激烈批評的耿定向，事實上也與他在某種程度上共享「不容已」的知識感覺，並且嘗試著調和儒家道德規範與人的本能情欲之間的矛盾。因此可以說，李卓吾並不是在萬曆年間孤零零出現的異常人物，他只是順應了那個時代的思想潮流，並把它以徹底的方式加以表達而已。而考慮到他在其他場合多次表述的對於那些「小小根器者」[32]的不屑，完全可以理解他對於耿定向的大動干戈正是因為他認為耿定向是值得對陣的。換言之，李卓吾與同時代的優秀思想人物對陣，這保證了他論戰的質量。在某種程度上，這也是其後溝口雄三論戰態度的模版。

〈理觀的再生——從「無」向「真」〉這一章最後有一個附錄，專門討論李卓吾的〈童心說〉。這是一篇需要謹慎對待的獨立論文，它的難解之處在於，溝口並不是把「童心說」簡單地視為與六經、語、孟等「道理」相對抗的對立命題，更不是自由人格的根據。從字面上看，〈童心說〉是一篇激進的文章，它大部分篇幅用來強調童心作為人心的初始狀態，是人作為「真人」的保證；而後天所受到的訓誡，所獲得的道理聞見，都是干擾童心、遮蔽童心的障礙。這些道理聞見使得人以童心的自然狀態為恥，遂利用各種「假言假文」加以粉飾，其結果導致了童心的喪失；而童心的喪失，則使得

31　溝口雄三：《屈折與展開》，東京大學出版會，頁88。

32　如在〈覆耿中丞〉中，他對耿定向說：「惟念此學問一事，非小小根器者所能造詣耳。」《焚書增補一》，中華書局，頁258。

各種「道理」遠離了生命本身，從而造成「滿場是假」和「以假文與假人談，則假人喜」的局面，這樣做的結果，將導致「天下之至文」因假人當道而往往被湮沒，無法流傳於後世。因此，言必六經、孔孟的做法應該徹底否定，代之以「童心者之自文」，不必計較是否為聖賢之言。[33] 但是如果仔細閱讀這篇文字的脈絡則不難發現，〈童心說〉並不是一篇挑戰六經、語、孟的叛逆之作，它挑戰的是以聖賢之道理粉飾和消解童心的知識與社會狀況。這篇短文有兩個關鍵的環節：在前半部分談到道理聞見越多，越容易使人粉飾遮蔽童心的真實狀態之後，緊接著強調說：古之聖人何嘗不讀書呢，不過在他們那裡，童心是第一義的，讀書是第二義的，因為即使不讀書，他們也可以保持童心不失其本真；即使讀書，也不過是通過讀書而加護童心而已，不像學者那樣，反倒通過多讀書識義理而障其童心。第二個環節在文章最後一段，李卓吾又強調六經、語、孟大半非聖人之言，實為史官臣子讚美之辭或懵懂弟子有頭無尾之筆記；即使這些經典出自聖人之口，也不過是他們對症下藥的具體藥方，這些出自聖人的對症良方連作偽的「假病」都無法根治，更豈能抽象為萬世之至論呢！所以李卓吾強調，六經、語、孟乃道學之口實、假人之淵藪，不可任由其泯滅童心。

如果結合李卓吾在與耿定向的論戰中有關孔孟「出類之學」的論述來閱讀〈童心說〉中他對於聖人之言的態度，那麼很容易判斷，這不是一篇討伐儒教典籍和古代聖人的檄文，它討伐的是把經典絕對化、使義理脫離生命本體狀態的知識與思想狀況。〈童心說〉翻轉了人們對於義理與聖賢之言的常識性看法，把被抽象化為萬世

33　李卓吾：《焚書卷三・童心說》，中華書局，頁98-99。

不變教條的儒家綱常充分地歷史化，指出了它們不過是古人解決具體問題時對症下藥的一時之策而已，古代聖人真正值得效仿和繼承的不是這些已經被後人形骸化了的說辭，而是他們著意呵護童心的思想態度。這是無論讀書與否都不會受到影響的睿智，這也才是李卓吾在與耿定向論戰時強調的聖人的「巧處」。那麼，如何做到這一點呢？李卓吾給出的答案是，培養童心自出之言，不要依靠那些現成的道理和聞見。「苟童心常存，則道理不行，聞見不立，無時不文，無人不文，無一樣創制體格文字而非文者。詩何必古選，文何必先秦。……為今之舉子業，皆古今至文，不可得而時勢先後論也。」[34]

只要有了童心，就將產生不同的思想與知識局面——道理不行，聞見不立，意味著無所效仿無所憑依；而古人不再因早於今人留下筆墨而占據優勢地位，只要童心常在，那麼任何人在任何時代都可以用任何形式創造出「至文」。這是一個比陽明的「滿街皆是聖人」更為大膽和激進的說法，然而這卻不是一個宣布個性解放和對抗儒家綱常的宣言，它是一個徹底地反對所有先在前提、毫無例外地將包括儒家綱常在內的一切思想資源歷史化的宣言。它只有一個敵人，那就是通過固守絕對化的儒學權威而造成了思想空洞的假道學，以及拒絕隨著歷史與社會變化而不斷改變的靜態世界觀。

〈童心說〉與李卓吾其他重要的著述一樣，強調了正確對待經典的基本原則，那就是「出類之學」必須落實在自家生命處才是有價值的，任何脫離生命體驗的綱常倫理都是假道學，與聖人無關。於

34　李卓吾：《焚書卷三‧童心說》，中華書局，頁99。

是，在這個脈絡中發生了一個重要的逆轉，聖人不再是不可企及的超人，經典不再是需要膜拜的權威，甚至經典中道貌岸然的內容都被戳破，它們變得貼近普通人的生活。這是因為，人人皆可擁有童心，因此在理論上說，人人都可以成為聖人，甚至可以不讀經典地製造天下至文。但是這裡面有一個關鍵的問題需要追究：李卓吾在文中一筆帶過的這個「絕假純真」的「童心」究竟指的是什麼？它是否意味著純淨的、沒有受到汙染的道德本體？抑或是意味著個人主體性的理想狀態？

這也正是溝口討論的問題。

在〈〈童心說〉及其周圍〉中，溝口花費了大量篇幅比較「童心」與「真心」、「赤子之心」這兩種概念之間的關係。由於李卓吾在解釋他的童心說時使用了「真心」一語替代，且在別處用「赤子之心」取代童心的說法，可見他並不排斥這兩種說法，並認為它們可以解釋童心一詞的涵義；但是，他為什麼不直接採用這兩種概念，卻偏偏要使用「童心」一詞呢？溝口細緻地考證了「真心」、「赤子之心」在李卓吾的時代所具有的約定俗成的涵義，指出，在明末，真心一語與陽明學的「良知」不可分割，真心的根底即是不學不慮之良知。只是它不具備良知的體系性，且有著佛教影響，故比起良知來，更接近人的生命本體；從明末人士對真心一語的用法看，它確實包含了「良知」所不具備的所謂平常自在的本來心，因而蘊含了「不可守」的流動性與衝動狀態。但是真心一詞終究具有士大夫的高蹈性格，而赤子之心比起真心來，則更有庶民的生活氣息。例如羅近溪關於赤子之心的講學，依靠的是民眾的日常生活常識，他從民眾的生活經驗出發平易地講述人人皆可成為聖人的道理，博得滿堂

喝彩。溝口在介紹了上述狀況之後追問：既然李卓吾並不反對真心與赤子之心的用法，為何還要大費周折地使用童心這個概念呢？

如同溝口在《屈折與展開》下編第一章開頭介紹的那樣，在明末文獻中所見童心一語充滿了負面的意象。赤裸裸的物質與肉體欲望，不加節制的占有欲，缺少教養的粗野態度，等等。這種所謂教化之前的狀態，與儒家文獻裡常常出現的真心與赤子之心這兩個概念所承擔的綱常內容存在著齟齬。但是李卓吾偏偏選擇了這個童心，同時又並不把它與真心和赤子之心相對立，暗示了他思想立場的微妙性格。溝口指出：真心承載著良知，赤子之心則被作為孝悌慈的同義語，對於李卓吾而言，這是對於既成的理觀念的依附，尚需要把「心」從六經注腳的位置上解放出來，所以，他要把清靜明亮的真心和赤子之心拉入童心我欲的汙泥之中，反過來，也把童心我欲置於理的光芒之中[35]。溝口這個洞察很有啟發。假如李卓吾如同島田虔次所說是反對聖賢的「思想的暴徒」[36]，那麼，他不應該把儒教文獻裡頻見的真心作為童心說開篇的解釋；溝口又在下編開篇處明確指出，李卓吾並不接受當時流行的對於童心的負面解釋，他一定有著自己關於童心的意象[37]。

正是在李卓吾的童心說中，溝口提煉出了他自己一生的課題意識。他敏銳地指出，李卓吾的童心意象，直接面對了明末混沌動盪的社會現實，隱含了明末士大夫不得不面對的社會轉型期的欲望問題。真心與赤子之心把自己綁在了良知與孝悌慈的既定綱常之上，

35　溝口雄三：《屈折與展開》，東京大學出版會，頁207-208。

36　溝口雄三：《屈折與展開》，東京大學出版會，頁205。

37　溝口雄三：《屈折與展開》，東京大學出版會，頁221。

也就在一定程度上規避了這個欲望問題，但是李卓吾卻通過童心去除了這些綱常的束縛，這使得他不得不直面社會的欲望問題。溝口指出：「如果以童心說來代表他的思想的話，那麼只有在這種混沌的動相之中才是可能的。儘管這麼說幾乎等於把他說成混沌之人，對此我頗感猶豫；但是這混沌的動相確實是明末社會的真實狀態，童心我欲與真心清靜以及赤子之心的孝悌慈，這些都可以共同構成『與生俱來的欲望之心』，且相互拉扯相互滲透，這就是明末思想界的現實主義。如此看來，則此動相倒是可以作為母胎中的胎動、而混沌則可以視為尚未誕生胎兒的母胎中的混沌，這也許是可以進行正面評價的吧。」[38]

　　這段話精闢地概括了明末的時代狀況。如同溝口在書中所分析的那樣，明末清初是中國社會地主階層主體性地掌握鄉村經濟結構的決定性時期。以東林派為意識形態代表的鄉村地主階級並沒有明確提出在政治上分庭抗禮的願景，但是他們逐漸在現實中取得了鄉村社會的經濟主導權。即使是在提出了「向使無君，人各得自私，各得自利」口號的黃宗羲那裡，也只是具體地反對明代里甲制和皇帝的大私，並未一般性地否定皇權制度本身，也沒有直接提出民主性的鄉村社會政治自治主張。溝口特別指出，在黃宗羲的《明夷待訪錄》裡，核心的問題在於民的自私自利的正當性，「向使無君」的呼聲也是以民的這一要求能否得到滿足為前提的。而黃宗羲提出民的「自私自利」，並不僅僅是「自我本位」之類意識形態的問題，而

38　溝口雄三：《屈折與展開》，東京大學出版會，頁208。

是包含了家產、田產等經濟所有權在內的社會史範疇。[39]

　　但是，溝口的這個結論並不意味著他認為明末形成了西方式近代民主政治的萌芽。事實上，溝口畢生都在強調，黃宗羲被理解為「中國的盧梭」是歷史性誤讀[40]。《屈折與展開》下編中的主要部分，都被用於探討並非盧梭的黃宗羲在有別於盧梭《社會契約論》論述方向上寫作的《明夷待訪錄》，代表了明清之交什麼樣的歷史要求，它與其後清代的歷史沿革脈絡和清代前期理觀的確立具有什麼樣的潛在聯繫。也只有在這樣一個視野裡，明末李卓吾對於不容已童心的強調才能突破一般意義上的認識論層面，獲得歷史與社會意義。應該說，李卓吾最為鮮明地體現了明末清初時代轉型特徵，也暗示了其後中國歷史與思想的基本走向，而這正是借助於他特有的不立論的思想方式才得以呈現的。

四、不立論：必要的思想史修煉

　　在理解了不容已的童心是明末時代轉折期對於歷史混沌狀態的深刻呈現這一點之後，還有一個需要甄別的問題在於，李卓吾的童

39　溝口雄三：《屈折與展開》，東京大學出版會，頁 268-270。

40　不僅在《屈折與展開》中，在後來溝口的重要著述中，黃宗羲不應被理解為中國的盧梭這一判斷都被反覆強調。他認為，清末中國仁人志士出於特定的時代危機感，以不顧歷史現實的方式把《明夷待訪錄》視為反君權主義和張揚民主制的先驅文本，是有悖於歷史事實的。溝口做這種甄別，是為了解釋黃宗羲之後不再有第二個黃宗羲的思想狀況，證明了中國明清思想史是按照不同於西歐的方向發展的，勾勒其中的基本脈絡，並證實中國近代以前的歷史並未「停滯」，也未「挫折」，這正是溝口一生所致力的事業。

心說，在溝口眼裡並不是他的立腳點，不是他的立論之處。這也是溝口這篇附錄最難讀的部分。溝口說，與主張良知的陽明、主張討真心的唐樞、主張赤子之心的羅近溪相比，李卓吾並沒有「主張童心」。這是他與前幾位的決定性區別[41]。這是什麼意思呢？

溝口說：「不容已的本心其自身即是性命的發現，但是在其中發現的究竟是什麼，這一點對於李卓吾是至關重要的問題。而這個什麼，才是他畢生不懈追求的自家性命的下落處。

……

這個什麼，是只有在絕假純真的童心中才能發現的，不過，它並不是『童心』。

……（李卓吾對舜與象的解讀、對若無之母信簡的解讀、對黃安二上人出家的評價、他的穿衣吃飯、兵食論）這些都是童心中的那個什麼，而那個什麼卻也正是童心。」[42]

童心二字是李卓吾求道的足跡，卻不是他固守的營盤。所以溝口說假如把童心作為李卓吾思想的核心，需要大量的注解。他一生追求著不可名狀的「什麼」，為此無法停歇；與此同時，他留下大量有著具體脈絡和針對性的論述，這些論述自身以及諸多論述之間有時會看上去存在著邏輯上的自相矛盾。例如上面所引的《焚書卷四・讀若無母寄書》對若無之母阻止已經出家的若無遠離家鄉到金剛山去修行，力勸若無在家鄉修行以承擔家庭責任一事，李卓吾評價道：「恭喜家有聖母，膝下有真佛」；而《焚書卷二・為黃安二上

41　溝口雄三：《屈折與展開》，東京大學出版會，頁207-208。

42　溝口雄三：《屈折與展開》，東京大學出版會，頁207。

人三首》中對於黃安二上人棄母出家以超渡母親於苦海的決定，他也表示了極大讚賞，因為二上人捨棄小孝而成就佛道，實為大孝[43]。

顯然，李卓吾的上述兩個評價是相互矛盾的。但恰恰是這種不固守同一判斷的斷言，卻鮮明地體現了李卓吾道德判斷的本質所在。他以絕假純真的童心自然導引出的判斷區別於依照既成價值進行的道德判斷，其分別就在於此。在李卓吾那裡，所有依靠外在標準進行衡量而得出的判斷都是「作偽」，而以童心亦即人的自然狀態進行的判斷則在表面上會與既定標準和邏輯發生衝突，卻是最真實的判斷。溝口強調說，這個有別於「真心」、「赤子之心」的「童心」固然是李卓吾自家性命的下落之處，但它卻具有轉瞬即逝的特徵，因而只能是一個不定之定點。由此，童心說不可能成為實在的落腳點，更談不上是打倒既成權威的堡壘。正如李卓吾對標榜不容已之本心的耿定向嚴厲批判的那樣，有目的地設定「本心」就已然是作偽了，「童心」是李卓吾求道的足跡，他藉此不斷追問那個「不容已」本心的內容，這不但使他的性命不會得到安歇，而且使他不會以此為根據立論。

李卓吾的拒絕立論（也就是說他不肯把他的具體主張諸如「穿衣吃飯」等作為思想的落腳點），被溝口作為他區別於其他思想家的基本特質。這種拒絕立論的思想態度，當然與李卓吾致力於參究古人上乘之談那些不可容力之巧處的抱負直接相關，而且也提供了一個有效的線索，幫助我們理解他何以激烈抨擊同樣試圖以不容已作為思想立場為儒家教義注入生命力的耿定向。如果以一個最為簡

43　上述兩篇均引自《焚書》，中華書局，頁141、頁79。

化的說法來概括耿定向與李卓吾之間認識論的齟齬，那麼或許可以說，耿定向是堅持立論的，而李卓吾則拒絕立論。對於當今學人而言，尤其對於習慣於以西方理論的模式甚至結論作為自己知識前提的東亞學界一般取向而言，耿定向的知識模式是熟悉的和易於接受的，而李卓吾的知識方式則是陌生的、難以理解的。當李卓吾的異端姿態受到現代學術肯定的時候，「反封建道德」、「早熟的現代性」這些給人以確定感覺的「立論」成為解釋李卓吾的主軸，暗示了一個意味深長的事實：發生在十六世紀末葉李卓吾與耿定向之間的齟齬對立，至今依然存在於當今的學術界；而在今天的李卓吾研究中透射出來的主導認識論，體現的卻是昔日由耿定向所體現的思維定勢：依靠已確立了權威的概念範疇，通過對這些概念範疇的演繹或者修正補充建立自己的論述框架，然後填充適當的思想史材料，並且以此來生產確定的、可以安身立命的知識。如果借用李卓吾的說法來形容的話，那麼當今學術只不過是「於致力處著腳」，無法理解「不可容力」的精神品質。而在此需要強調的一個重要的分寸感在於，今天的「耿定向們」與萬曆年間的耿定向一樣，也並不是偽君子和衛道士一類不足掛齒的人物，借用溝口的說法，他們與明末的耿定向一樣，也同樣付出著「應該讚賞」的努力。或許可以說，出於同樣的理由，當溝口後來通過論戰文字提出關於如何處理中國研究、如何處理中國與西歐、中國與世界關係等問題的時候，他選定的論戰對象也並非是那些水平低劣不值一駁的觀點，而是有建樹有影響的思想與知識生產。

《屈折與展開》把李卓吾作為一個論述的中心點，從這樣一個並未製造出易被引用的概念的思想人物入手來討論中國前近代轉折

期，並通過他導引出一系列重大的討論，是一個很特別的方式。在某種程度上，這也意味著溝口站到了現代學術習慣的對立面。但對他而言，最艱難的困境並不在於他是否因此成為了異端，而在於他如何接過李卓吾留下的那個難題，在不可容力處著力，去討論李卓吾拒絕立論的時代課題。

對於李卓吾與耿定向在不容已問題上的差異，溝口有一段精彩的描述：耿定向在肯定了男女間的情欲是至情之不容已的同時，更強調了惻隱羞惡之心也是至情之不容已；由於他利用至情這一媒介聯繫起情欲與四端，這就把他自己逼到了綱常能容忍的極限，宛如立足於懸崖之邊際；而李卓吾，恰恰是從耿定向止步之處跨了出去，這使他處於一個毫無依傍的騰空飛躍狀態，而且是飛躍在懸崖之側、懸空之中！[44]

這樣一個從懸崖邊緣越向懸空的飛翔，暗喻了李卓吾精神歷程的決絕與氣魄，同時也暗示了他面對的巨大風險：耿定向即使是在懸崖的邊沿處徘徊，他依然是腳踏實地的——這「實地」就是耿定向作為論述前提的儒家綱常；李卓吾與耿定向的爭執之處就在於儒家綱常是否可以作為前提預先設定。同樣主張不容已並且賦予了人的本能欲望以正當性的耿定向，由於堅持了這一前提，他眼中的人欲就必須按照「應該有的樣子」亦即儒家綱常的原則去生發；不言而喻，「應該」的靜態預設使耿定向具有革新意願的論述都處在安全的「實地」之上，即使他試圖對於儒家綱常進行革新，由於不質疑綱常本身這一前提，他仍然不會面臨無所依傍的風險；然而李卓吾

44　溝口雄三：《屈折與展開》，東京大學出版會，頁88。

正相反。他並不否定儒家的倫理觀念，但是卻否定以這些觀念作為依傍。他希望對儒家的綱常進行革新，但是他拒絕任何關於「應該」的想像。他嚴厲地斥責耿定向言行不一，正是因為後者把「應該」這一預設的綱常前提帶進了不容已的個別動態之中，在李卓吾看來，這充其量不過是村學訓蒙師傅發蒙時講述的「人生十五歲以前《弟子職》諸篇入孝出弟等事」，故耿定向的不容已，實在是無足輕重的；而李卓吾認為自己的不容已絕非這種只關乎痛癢之末程度的東西，而是「十五成人以後為大人明《大學》，欲去明明德於天下等事。」[45] 換句話說，李卓吾的不容已絕非是符合既定明德規範的「應該狀態」，而是「去明明德於天下等事」的大學之道。顯然，這個大學之道已經不再是《大學》之道的教條，而是李卓吾飛翔在懸空狀態時的生命體驗。

於是問題就來了。耿定向在懸崖邊上徘徊，儘管被說成心口不一，卻不會遇到在論述邏輯上跳躍的麻煩；而李卓吾這一毫無依傍的飛翔，卻必須解決論述邏輯上的跳躍：如果不容已是不以任何先在規範作為前提的生命狀態，它是否意味著可以突破所有規範為所欲為？李卓吾斷言市井之人的穿衣吃飯之言，因其「身履是事，口便說是事」，便比耿定向的心口不一更鑿鑿有味，「真有德之言」[46]，這是否意味著李卓吾認為只要打破了綱常的教條，市井生活的自然狀態就自然呈現了明明德的氣象？

這正是李卓吾與懸崖邊上的耿定向們訣別後獨自飛翔在懸空中

45　李卓吾：《焚書卷一‧答耿司寇》，中華書局，頁29。

46　李卓吾：《焚書卷一‧答耿司寇》，中華書局，頁30。

時，他身下的萬丈深淵。事實上，困難還不止於這一打破常規後是否建立新的前提問題，更為艱難的是，由於徹底排除了所有先在的前提，李卓吾把自己置身於「不可容力」之巧處；但是他對於「大學之道」的志向，使得他無法安於不必言說的境地，他不得不言說。這就使得他進而走向了「真空」，在不立論中不斷言說，在不斷言說中破除立論。

李卓吾為了反襯士大夫心口不一而強調市井村夫有德的說法，事實上並沒有正面解決人欲如何成為德的載體的問題。李卓吾很清楚地區分了古人上乘的出類之學與市井之人生活倫理這兩種不同的「有德」，同時又以人人皆可以為聖、非孔子一人獨取為理由取消在這兩者間進行分別的可能，那麼，他顯然建立了兩個對「有德」進行追問的層面：一個是以自家性命作為傳承古人智慧的載體、不斷追尋理和道的真正形態的學問層面，一個是以現實生活和個人的真實欲望為載體、以社會活動為生命保障的社會生活層面。在這兩個層面上，李卓吾都探求防止作偽的真有德之道，都試圖杜絕以先在的道德標準來宰割事物的弊端。在李卓吾本人那裡，這兩個層面固然可以通過「不容已」得到統一，因為他的生命欲望本身的人倫內涵已經達到例如讓袁中道自嘆無法企及的程度；但是這個李卓吾本人踐行的標準卻無法在現實中與人共享，無法化解這樣的疑問——如果聽任人的欲望「不容已」，那麼欲望之中的那些可能發展為罪惡的要素如何處理呢？難道社會真的可能如同李卓吾表述的那樣，因各得其所而太平無事嗎——「貪財者與之以祿，趨勢者與之以爵，強有力者與之以權，能者稱事而官，懦者夾持而使。有德者隆之虛位，但取具瞻；高才者處以重任，不問出入。各從所好，各騁所

長，無一人之不中用。」⁴⁷

　　李卓吾確實對欲望進行了充分的「解放」。但是這個解放絕非西歐近代意義上的主體性確立，而是對於既定儒家綱常的徹底顛覆。問題在於，這個徹底顛覆卻不是「反綱常」的行為，即不是站在綱常的對立面，而是使綱常在失掉了穩定的前提之後作為新的社會秩序獲得重建。如同上述引文中李卓吾表達的那樣，他想像中的「各從所好、各騁所長」包含了貪欲與逢迎這一類欲望的滿足，而他對於新的社會秩序的構想則是依託無好之可投、無醜之可揜的「有德者」與「高才者」為支柱的。在同一文章的開頭處，就是李卓吾那句有名的話：「夫以率性之真，推而擴之，與天下為公，乃謂之道。」⁴⁸可見，李卓吾是把「真」作為建立新的社會秩序的基點的，哪怕它包含了個體欲望中的非道德成分；這篇〈答耿中丞〉非常明確地表述了李卓吾對於建立新的社會秩序的基本態度：他顯然認為要使天下萬物各得其所，要秉承孔子回答顏淵問仁時所說的「為仁由己」的精神，亦即不要從外部施加條理之教化；因為這種做法不僅會造成「作偽」的後果，而且事實上是對於萬物各得其所的最大妨礙。李卓吾甚至斷言，以德禮束縛人心和以政刑束縛人體一樣，都是致使人大失其所的根源。

　　〈答耿中丞〉要解決的是仁者是否要以吾之條理教化天下的問題。李卓吾的答案是堅決否定的。但是，在揭示了既有的名教容易導致虛偽與束縛之後，他沒有進一步正面論述如何處理天下之民的

47　李卓吾：《焚書卷一・答耿中丞》，中華書局，頁17。

48　李卓吾：《焚書卷一・答耿中丞》，中華書局，頁16。

欲望問題，只是提示說聖人順著民的欲望使其各得其所，於是天下
可以安頓。到這裡，問題顯然已經超越了狹義的道德自律範疇，進
入了社會政治領域；這也正是其後溝口展開一系列具有社會史性格
的討論的基礎。不過我們在此還不能立刻進入社會史問題，而需要
先注目於溝口思想史在認識論方面的基本特徵。因為溝口的社會史
討論也與一般的論述不同，具有強烈的「不立論」特性，而這一論
述特徵的主要原點在李卓吾這裡。溝口承認「童心說」之於李卓吾
的重要，卻不同意不加任何注釋地把它視為李卓吾思想的核心，這
是因為將其視為李卓吾思想的核心會在思維方式上無視「童心說」
的「不定之定」這一特性，從而把它確定化，甚至簡化為「主張個體
自由」，造成誤讀。溝口的這一堅持，不僅僅是貼近了李卓吾的「李
卓吾式解讀」，更重要的是，它體現了溝口對於中國明末清初這個
無法被西方現代性理論簡單肢解的歷史巨大轉變時期的動態觀察和
思考。他之所以選擇了李卓吾，正是因為他希望建構切合這個混沌
歷史的普遍性敘述。而且似乎問題還不止於此。我所閱讀的溝口著
述中貫穿著一種明顯的「得魚忘筌」的態度，他似乎並不太在意自
己所提出的那些概念本身是否政治正確，也不太在意自己建構起來
的這個關於中國的解釋是否具有「體系性」，他急切地追蹤的是一種
對於中國歷史的有效解釋，這追蹤似乎讓他無法安頓。在他後期著
作中，這種無法安頓的感覺尤其強烈。正是在這篇關於〈童心說〉
的附錄中，我找到了理解溝口這種態度的線索，或許，這正是一位
真正的思想史家面對歷史時的「不容已」境界吧。

五、「形而下之理」：探尋另一種普遍性原理

如果說不容已與不立論構成了溝口思想史基本的認識論特徵，那麼，這並非是他追求的目標。在溝口一生的思想史研究中，他自覺追求的是中國思想的「原理」。而如同李卓吾的「穿衣吃飯」一樣，這個後來被他使用「基體」等等富有爭議的概念所表述的原理，也同樣不是他的安身立命之處，而僅僅記錄了他求道的足跡。

溝口通過對李卓吾的個案研究，觸及到了一個非常尖銳的理論問題：建立「形而下之理」，如何才是可能的？如果改成現代用語來表述，這個問題就是——如何建立一種理論（特別是關於道德的和政治的）敘述，卻又不使它失掉經驗性與個別性？這正是溝口通過李卓吾的追問所進行的追問。

借助於李卓吾有關「不容已」、「真空」、「童心」的特定論辯，尤其是他在這些論辯中體現的「不立論」的立場，溝口提出了這樣的分析：

> 對他來說，本於形而下性質的存在的、人人普遍的客觀實在之理，與其說是理，不如說是真空，它的確實性和不確實性同時共存。[49]

從陽明學的「無」到李卓吾的「真空」，發生了一個對於「理」闡釋的結構性轉換，「存人欲的理」突破了既成理概念的束縛，獲得了

49　溝口雄三：《屈折與展開》，東京大學出版會，頁167-168。

方法論的確立，它意味著理（秩序）不再是先在的對人的規定性，相反，它只能是從人的社會活動（按照李卓吾的說法就是「穿衣吃飯」）中產生的結果。如果再結合十六世紀以來儒教向民間滲透這一歷史過程來加以理解，那麼上述引文中李卓吾關於形而下性質的理、關於無法用形而上觀念造型的自然的思考，就獲得了思想史的具體意義：它意味著個體的欲望和「私」作為形而下之自然，具有了社會價值。與此同時，這種形而下的道理，由於它特有的「不立論」特徵，亦即它同時擁有確定性與不確定性，所以必然拒絕觀念論的造型。這就是說，任何形而上的抽象和靜態的指標，都無法接近形而下之理。為了表述這樣的理，李卓吾只能借助於佛家的智慧，以真空來表述它，然而與童心說的涵義一樣，李卓吾的真空說也不是對佛教禪修的簡單複製，它的涵義亦在於建立活潑潑的形而下之理。真空拒絕了任何先在的造型，也就是說，以發自內心的「不學不慮」的自然之情拒絕了任何作為前提而規定的既成之理；但是李卓吾同時也拒絕了把真空變成王陽明所拒斥的「虛寂」[50]，亦即拒絕把真空概念變成虛無的同義語。在這雙重拒絕之下，李卓吾才能夠在強調「真空」的同時也強調「不能空」。

李卓吾說：「豈知吾之色身洎外而山河，遍而大地，並所見之太虛空等，皆是吾妙明真心中一點物相耳。是皆心相自然，誰能空

50　在《屈折與展開》上編第二章中，溝口勾勒了李卓吾的真空說在思想史傳承脈絡上的位置。王陽明與王龍溪關於「無」的對話中，特別提到龍溪的四無之說僅限於上根之人，也就是說，只有本體功夫可以一悟盡透的人才可以不學不慮地從自己內心自然產生不受拘束之理；但是這樣的人很難遇到，多數人不過是在形式上憑空造出一個「無」作為本體，這個本體是虛寂的。參見頁179-180。

之耶？」[51] 應該說，李卓吾並沒有把真空作為確定的目標，它不過是一個媒介；在同一篇文章中，他強調說：「然是真空也，遇明白曉瞭之人，真空即在此明白之中，而真空未始明白也。苟遇晦暗不明之者，真空亦即在此晦暗之中，而真空未始晦暗也。」[52] 可見真空在李卓吾這裡，並不是一個確定不變的虛空狀態，而是以千變萬化的形態存在於千變萬化的人的真心中；它遇明白人則明白，遇晦暗人則晦暗，它以心相自然的方式呈現，但它並不等於心相自然。但是，假如不借助於心相自然來呈現，那麼真空是無法被認知的。所以李卓吾在文章開頭處就辨析了那種認為真空就是「必盡空諸所有，然後完吾無相之初」的看法，批駁道「夫使空而可為，又安得謂之真空哉。」[53] 也就是說，真空是沒有形狀不可人為操作的。

　　李卓吾關於真空的一系列論述為建構形而下之理開闢了理論的途徑。只是，如果不放下西方理論的習慣性思路，我們很難發現它作為理論思考的價值。溝口正是在這一意義上，奠定了關於形而下之理這種新的理論形式的思考基礎。雖然，他本人未必意識到他在進行另一種關於理論思維的建構工作，然而他卻留給我們一筆值得繼承和推進的思想與學術遺產。

　　我不知道溝口出於什麼考慮沒有如同很多儒學研究家那樣僅僅依靠中國思想人物本身的語彙，卻在關鍵的分析中頻繁地使用了「普遍性」這樣一個用語。但是至少可以判斷的是，在他使用這個詞細緻地論述「無善無跡」、「無人無我」、「無聖無邇」這些李卓吾的

51　李卓吾：《焚書卷四‧解經文》，中華書局，頁136-137。

52　李卓吾：《焚書卷四‧解經文》，中華書局，頁136。

53　李卓吾：《焚書卷四‧解經文》，中華書局，頁136。

「真空」觀念的時候，在客觀上他是在使今天學界約定俗成的「普遍性」感覺相對化。在學界的約定俗成中，普遍性感覺是一種被高度簡化的靜態感覺：它僅僅意味著一種可以套用到各種狀況中去的高度抽象的範式和觀念，並因此而占據價值優勢；而各種具體的不可複製的經驗形態，則不得不屈居於這種同質化的普遍性之下，作為特殊性處理。由此還產生了關於普遍性與特殊性的對立想像。這種想像把理論設定為普世的和高層次的，把具體的個別性經驗設定為理論的對立面，這就使得研究者往往急於尋找個別性狀況中那些可以被抽象出來的要素，並且通過這種抽象建立知識立場。隨著時代的變化，今天東西方學界都已經逐漸突破了內容上的西方中心論，但是在認識論層面上，來自西方的理論被形而上地作為「普遍性」的前提，而第三世界的經驗則被無意識地作為證實這一普遍性前提的材料，這種思維定勢卻依然存在。人文學界一個常見的說法是：把個別經驗上升到普遍性的層面。這個說法的涵義是去掉經驗中那些不可複製的個別要素，把經驗中可以抽象出來的要素提煉為「更高級的」普遍性要素。而所謂普遍性要素，就是超越一時一地特殊狀態、對更廣大的對象也具有意義的要素。當普遍性如此被與特殊性對立起來，且占據了優勢的時候，就派生出一些相關的認識論：例如曾經流行一時的對於文化本質主義的批判，對於文化特殊性的否定等等。這些產生於特殊歷史情境中的問題意識，它們本身在產生的時候並不是「普遍性」問題；只是在理論旅行的過程中，這些原本在具體語境中才具有意義的認識論卻被打造成了普遍性的前提，似乎任何違反了這些思維定向的思考都是錯誤的，是對抗普遍性的文化保守主義。

　　關於這種對普遍性的誤解，似乎不應該簡單地歸罪於黑格爾歷史哲學；不過一個必須指出的基本問題是，儘管西方思想世界經歷了後現代和後結構主義的洗禮，似乎事物的本質已經被消解，東西方對立已經被解構，而且隨著世界格局的改變，看上去西方知識分子越來越地域化，而第三世界的知識菁英越來越全球化，但是，人類思維還沒有完全走出黑格爾劃定的格局。不僅如此，對於二元對立的庸俗化理解，使得流行的「普遍性」思維以極為粗糙和暴力的方式排斥了個別性的價值，抽象和空洞的「大理論」占據了霸權性位置，這使得學院裡的研究生們在求學伊始就習慣於把知識分類為「理論的和經驗的」、「普遍的和特殊的」等等兩大門類，並且認為只有具有普遍性的理論研究才是最重要的知識成果。這種認識論強化了年輕學人套用理論結論以解釋具體經驗的錯誤治學方式，導致了他們簡化現實豐富性而依賴於既定理論的知識習慣。消費來自西方的理論，特別是西方的批判理論，對於今天的第三世界知識分子而言依然是主導的集體無意識；在此基礎上，甚至西方社會的現代化模式和一時一地的社會經驗也從特殊性的位置被「提升」為人類普遍的模式。

　　溝口在「從無向真」的思想史脈絡中重新定義「普遍性」這個被學界抽象化和定質化的觀念，讓它在王陽明、王龍溪、李卓吾的思辨世界中獲得個別性和「人人性」，並在這形而下的人人性之中一步步地瓦解既定的「超越之理」，建立與西方近代意義上的「天人分裂」和「個體的自由權利」相對的、包含著人欲的天理，同時也建立以調和為前提的自然法。正因為使用了「普遍性」這個詞，溝口更有效地表達了他的世界史視野：來自西歐的「普遍性」概念只表達

了一類闡述近代的思路，它與中國思想史中的「普遍性」相對，也是個別性的。當溝口使用這個詞的時候，他其實也把自己從中國特殊論者或者文化本質主義者中區別出來了。「普遍性」在此並不僅僅是一個概念，它體現著一種視野，這個視野後來在他的《作為方法的中國》中得到了更多的闡釋。

溝口這樣論述李卓吾「穿衣吃飯」這一個別視野的普遍性：

> 定理之所以成為「定」，是由於這個理被視為具有「一」的普遍性。……李卓吾則要從正面破除這個觀念，如上面所說的那樣，「成佛者，成無佛可成之佛」，人人各自是本來佛，在這一點上，人人是普遍的，而在作為應成之佛的意義上，不是普遍的。……人本具有佛性（即理），在這一點上是普遍的，然而其發顯則是個別多樣的。所謂個別多樣，換言之，是說人是各自作為人而活著的，各自作為人而活著是人的普遍性。[54]

溝口在此顛覆了對普遍性的通俗理解。作為「應然」的「一」，亦即作為先在規定性的抽象定理，並不是普世的。對定理的普遍性進行顛覆，是因為它自上而下地規定了單一的秩序體系。對於李卓吾而言，對這套單一秩序體系的否定意味著自然法與治政觀在原理上的轉換，對於溝口雄三而言，對通俗的普世觀念的顛覆則意味著打破直觀的一元世界感覺或者二元對立觀念，建立一個真正多樣的思維空間。

54　溝口雄三：《屈折與展開》，東京大學出版會，頁187。

　　我注意到溝口表述多元多樣的「人人」所具有的普遍性格時，打破了追求同質性的慣性思維。首先，他否定了「應成之佛」具有普遍性的假定，這是易於理解的：今天，用「應該」去討論歷史將導致非歷史的結果，這一點在學界已經形成了某種程度的共識；特別是當「應該」的假設具有了某種「自上而下」性格的時候，它遭到歷史的報復將是不可避免的，這一點已不必解釋。但是溝口並不在這一層面止步。他進一步指出，「各自作為人而活著」，這才是人的普遍性。即使人人具有佛性是普遍的，這一普遍性也僅僅是相對於「應成之佛」而言才能成立，亦即「人人具有佛性」只有在否定單一的應成之佛權威性的意義上，才是普遍的；但是指出人人具有佛性卻不是到達點，它僅僅提供一個討論的起點。李卓吾說「發願者，發佛佛各所欲為之願，此千佛萬佛之所不能同也。有佛而後有願，故佛同而願各異」[55]，這導致了溝口對於普遍性的討論。他揭示了兩個不同的普遍性維度：一個是人人具有佛性的那個同質的普遍性，一個是千佛萬佛不能同的差異的普遍性。借助於李卓吾，溝口在這兩個普遍性論述中建立了潛在的關聯：同質性的普遍性，其自身不具有形態，是「真空」；它需要借助於千佛萬佛的形態才能獲得意義；換言之，「佛同而願各異」，講的是那個「同質性的佛」本身無法單獨成立，它需要借助於「各異」的「願」才能獲得具體形狀，一旦抽象出來就不知所云了。這個同質性的佛一旦高高在上構成前提，它就成為了一，成為了應然，成為了自上而下的強制性秩序。因此真空不是作為前提，而是作為媒介，參與到普遍性的建構過

55　李卓吾：《焚書卷四・觀音問・答澹然師》，中華書局，頁167。

程中來。差異的普遍性才是普遍性的真實形態，它不但是千差萬別的，而且「不能空」，具有實在的形而下內涵。

如果問題再前進一步，那麼，就需要重新回到形而下層面。在形而下層面建構的理，它與形而上之理究竟有何區別？這個問題在抽象層面上很容易回答：形而上之理不借助於經驗，它永遠超越於經驗之上，追求的是萬事萬物中的同質性；因此，除了那些一流的哲學家之外，很少有人有能力把這種同質性理解為流動的和不斷變化的要素，它通常被理解為確定不變的靜態的同一性或相似性；形而下之理，在起點上就拒絕了對於同質性的追求，這也就意味著需要重新定位普遍性的功能以及普遍性與個別性的關係。把普遍性從高高在上的寶座上拉下來，並不意味著否定普遍性的價值，但是它的功能已經不在於統領無數個別性，而在於使無數個別性發生關聯。在這樣的思維圖譜中，個別性絕非僅僅是在前台廝殺的一過性要素，它們才是歷史的主角；而普遍性的意義，只在於幫助我們有效理解這些以差異為前提的個別性，並不具有「指導」個別性的功能。

溝口似乎對於這個問題並沒有多少理論演繹的興趣。他關注的問題是李卓吾為什麼在明末以「不能空」的「穿衣吃飯」論述把問題逼近到了千差萬別的個別性同時共存的層面上來。對於溝口而言，這絕對不僅僅是認識論問題，而是一個以社會史上的巨大變動為背景的現實思想課題。

在李卓吾之前，關於形而下之理的思想基礎已經擁有了豐厚的積累。這是一種以儒佛思想混合的方式創造出來的思想形態，它的學理基礎是促進天理的內涵從去人欲轉向存人欲。中經王龍溪的「無善無惡」，良知排除了「分別」，亦即排除了外在秩序觀念，

排除了人己之分，從而得以在忘己狀態之中天則自現，天機自動。但是這時的天則、天機，已經不是宋學的義理，而是接近於宋學的「氣質之性」，是在本來之道上使性的自然發揮到極致。而這「本來之道」，就是「萬物一體之仁」。溝口這樣歸納了王龍溪無善無惡論的基本特徵：「無善無惡的至善或曰天命，以其『無』為媒介，與天地萬物合為一體，因此，在這種情況下，活在萬物一體之仁中，就不外是活在本來之道亦即天則自然之中。」[56]溝口認為，這是對於陽明良知之學的繼承和發展，它使得陽明以四端之心為核心的萬物一體之仁轉化為以無善無惡無是無非為媒介的萬物一體之仁，這個轉化為明末形而下之理的革命性逆轉奠定了基礎。因為，它意味著一種新的對於理的體認方式：如果把視角置於去掉了既成定理的分別之後才得以呈現的實在的本心，那麼所有游離於這一本心的抽象的、超越的是非判斷，都只不過是偏執的一己之見而已。明末「不容已」的本心，正是在這個意義上進一步鞏固了陽明以來對於良知從既定的形而上之理轉向鮮活的形而下之理的思想走向，並以李卓吾主張的兵食論和穿衣吃飯的人倫物理為頂點，為這一形而下之理賦予了具體的內涵。與王龍溪抽象的天則與忘己之論不同，李卓吾的課題意識是在明末社會的混沌狀況中如何徹底擺脫綱常倫理的外在束縛，在生命的本體中建立屬於人人的萬物一體之仁。

　　李卓吾在〈答鄧石陽〉中寫道：「世間種種皆衣與飯類耳，故舉衣與飯而世間種種自然在其中，非衣飯之外更有所謂種種絕與百姓不相同者也。學者只宜於倫物上識真空，不當於倫物上辨倫物。

56　溝口雄三：《屈折與展開》，東京大學出版會，頁133。

故曰『明於庶物，察於人倫。』於倫物上加明察，則可以達本而識
真源；否則只在倫物上計較忖度，終無自得之日矣。……明察得真
空，則為由仁義行；不明察，則為行仁義，入於支離而不自覺矣。
可不慎乎！……所謂『空不用空』者，謂是太虛空之性，本非人之
所能空也。……所謂『終不能空』者，謂若容得一毫人力，便是塞
了一分真空，塞了一分真空，便是染了一點塵垢。」[57]

　　這是李卓吾最為正面地解釋形而下之理的論述之一。他認為，
只有在日常性的人倫物理上識真空，也就是說，只有在形而下的具
體狀況中辨別理（或曰普遍性）的存在，才能夠抵達事物深處的本
質，但是這事物深處的本質卻是「終不能空」的，換句話說，它是
不能被抽象表述，不能在形而上層面加以「分別」的。萬物一體之
仁，如同李卓吾在這篇短文的後半部分形象地比喻的那樣，是千人
共由、萬人共履的大路，坦蕩無邊，涵蓋一切，而百姓日用，則是
這種仁義的形態本身，學者能否識得仁義，取決於他能否在這百姓
日用的千姿百態中明察到真空，能明察者，就會從心所欲地履行仁
義，不能明察者，只能就事論事地按照外在標準把仁義作為美德而
造作地踐行。無形的真空，有形的日用，在孟子「明於庶物，察於
人倫」[58]的意義上結合為一體，不過更重要的是，李卓吾並沒有止
步於在觀念層面討論真空的問題。他對於形而下之理的討論始終圍
繞著百姓日用展開。結合他反覆強調的市井小夫邇言之有德、人人
皆可為聖等論題，那麼，他對於真空的討論就提供了一個重新思考

57　李卓吾：《焚書卷一・答鄧石陽》，中華書局，頁4-5。
58　朱熹：《四書章句集注》，中華書局，頁294。

天則和仁義的思路——這是一個把市井小民對於日常生活的經營作為天則加以肯定的思路，它在邏輯上開啟了清初對於民自私自利的正面評價。

李卓吾說：「聖人不責人之必能，是以人人皆可以為聖。唯人人皆可以為聖，聖人亦別無不容已道理可以示人。」這段話是他在與耿定向論戰時寫下的，必須結合上下文理解；其上下文在於批判耿定向自認的「不容已」是以理學為絕對前提的人為努力，因此是「作偽」；強調自己的不容已是不知不覺中自然完成的狀態。在這個論戰的上下文中，李卓吾幾次強調了耕稼陶漁者之有德，強調不必專以孔子為正宗。不過，僅僅把李卓吾的這個論述視為對耿定向假道學的批駁會錯過一個重要的思想契機，那就是李卓吾通過與耿定向的論戰，明確地確立了明末形而下之理所包含的「百姓日常」這一根本內容，並進而從這一根本內容出發重新闡釋了孔孟之道。事實上，除了與耿定向的論戰之外，李卓吾關於佛法的闡釋、對於儒學的體會等重要文章，都與這篇論戰文字共享同樣的基本論點：不容已的本心，是理解天則和體察真空的唯一途徑，而最具有這樣條件的，是身履其事，口便說其事的市井小民。這並不意味著市井小民直接從事對於天則和真空的解釋，這只是「學者」關心的事情；但市井小民卻為忙於作偽的學者們樹立了「有德」的榜樣，把穿衣吃飯的本真要求帶入了天則範疇。李卓吾的革命性，不僅在於他以市井的價值揭露了假道學的偽善，更重要的，是他把市井的日常生活百態作為人倫物理加以肯定。他的〈兵食論〉、〈童心說〉，都在這一意義上體現了新的價值意識。庶民的價值觀念「皆為自己身家計

慮，無一釐為人謀者」，[59]「趨利避害，人人同心，是謂天成，是謂
眾巧，邇言之所以為妙也。」[60]這些自古與聖人之道無緣的人性本
來面目──私心，在李卓吾這裡通過「邇言」的直率表達成為天道的
載體。而朱子的理學所倡導的天理之自然和克己復禮的命題，在這
裡都被轉化成了對於人生百態的尊重。

李卓吾對於天理的這種革命性的轉換，一度被詮釋為中國早
期現代性的萌芽，因為初看起來，這種種對於百姓生活價值觀的肯
定、對於外在倫理規範的蔑視，似乎都合乎西方現代性中「天人分
裂」和「個性解放」、「主體性確立」等等標準。然而溝口獨具慧眼地
辨析了這種解釋的似是而非，他指出，把李卓吾視為中國早期現代
性的思想家是不符合實際狀況的，因為無論李卓吾還是中國思想
史，都沒有按照天人分裂和個性解放的方向發展，如果按照西方市
民社會理論和現代性理論的邏輯來解釋中國思想史進程，那麼很難
觀察到有序的內在機理，只能把種種現象歸結為挫折和停滯。簡單
套用西方理論無法有效分析中國前近代的形而下之理，它的內在邏
輯正是通過李卓吾和明末清初思想家高度緊張的論述得到暗示，並
以特殊的方式得到繼承。

李卓吾對於人倫物理的討論，核心在於「不分別」，亦即不以自
我為標準對於人和事進行裁斷。他多次在不同的場合、不同的上下
文中強調的這個「不分別」，不僅僅是倡導對於賢愚、貴賤、人我的
不分別，從而把萬物一體之仁解釋為多樣的個別性同時共存的「大

59　李卓吾：《焚書卷一·答耿司寇》，中華書局，頁30。
60　李卓吾：《焚書卷一·答鄧明府》，中華書局，頁41。

同」；更重要的是，它是對於人為性本身的否定。李卓吾把所有人為的要素均視為「作偽」，如前所述，是由於他強烈地反對以形而上的超越形態君臨社會生活的天理；他認為，這種形而上的天理把千變萬化活潑潑的理變成了固定不變的不易之物。而作偽之學者則把這種固化的理學前提作為判斷事物的依據，無法在形而下的世間百態中辨別理（亦即真空）的實際樣態，故他們除了「行仁義」之外別無他法，這就是說，他們除了按照仁義的形而上教條照搬照套，是無法行仁義之事的。李卓吾所追求的，是在倫物上識真空，因此他並不拘泥於事情的表面。例如本文前面所提到的他對於黃安二上人棄母出家的讚賞和對於若無之母阻止若無離家修行的欽佩，就是對兩個表面上類似的事情進行了截然相反的判斷。這個例證的核心在於對出家修行這件事情的判斷。李卓吾並不認為出家修行本身是一個可以單獨進行判斷的依據，追求生命之道的形式有多樣，並無一定之規：「故苟有志於道，則在家可也，孔、孟不在家乎？出家可也，釋迦佛不出家乎？今之學佛者，非學其棄淨飯王之位而苦行於雪山之中也，學其能成佛之道而已。今之學孔子者，非學其能在家也，學其能成孔子之道而已。若以在家者為是，則今之在家學聖者多矣，而成聖者其誰耶？若以出家為非，則今之非釋氏者亦不少矣，而終不敢謂其非佛，又何也？」[61]可以說，李卓吾所執者的形而下之理，正是由於它具有於倫物上識真空的特性，才必須借助於表象上的千變萬化乃至相互矛盾，透視生命之道的多樣化本身。而拘泥於物化的指標於倫物上辨倫物，則無異於把釋迦理解為出家，

61　李卓吾：《焚書卷一・答鄧石陽》，中華書局，頁11。

把孔子理解為在家一樣，難免捨本逐末。

　　正是在這一意義上，李卓吾也透過孔子明察聖人之道，並不把孔子本人視為至高無上的偶像。他並不否認孔子是聖人，但是卻換了一個角度重新解釋聖人之所以為聖的原因：他認為，孔子之所以為聖，在於他深知子臣弟友之道難以窮盡，故曰有未能，此為不自欺，故為真聖人；孔子謂萬物與吾同體，聖愚一律，皆為同類，真正是「不分別」；孔子真正的不傳之祕在不可容力之「巧處」，很難形諸語言，但是為了化誘後人，只好投其所好，知道人之好名，姑且權立名色而已，真正的出類之學卻只能在不可用力處參究，理解這一點的是孟子，所以他才能「言之有味」。[62] 可以說李卓吾完成了一個轉換，把孔子和孔子所代表的儒家思想以及釋迦的佛教精神從被形而上化的絕對層面解放出來，使其「形而下化」了。

　　這個思想的形而下化過程，既是認識論層面的一個革命性翻轉，又是對於明末社會政治結構轉變的具體呼應。溝口正是在這個社會史的視野中，把握了中國思想史在明代中後期所完成的巨大轉換，以及李卓吾在這個思想轉換中的歷史功能。

　　溝口指出，陽明學在明末已經不能充分把握這一時代，這是因為里甲專制秩序的崩潰和由此而來的鄉村制度再建的過程，要求著與此相應的新的思想觀念。李卓吾正是適應了這個時代又超越了這個時代的思想人物。與陽明學說「滿街皆聖人」中以良知或者定質的善為標準的命題相對，李卓吾的聖人觀則強調善不是定質的，因而無善。這種無善之善是普遍具體存在的「不容已」，它的普遍性

62　李卓吾：《焚書卷一‧答耿司寇》，中華書局，頁31、33。

不是抽象而來的超越之物，而是體現為個別的當下的、但卻是人人都具有的「不容已」的自然本真狀態，這樣的普遍性境界也就是不自以為聖的真聖人狀態，用王龍溪的話說，就是不能以己為是以人為不是，以「有我」來區分我和人，居高臨下地以秩序倫理強加於人。因此，李卓吾才能夠提出「夫以率性之真，推而擴之，與天下為公」[63] 這樣一個關於公‧私的命題。這個命題與日後黃宗羲對於萬民之私的討論有著潛在的聯繫；而溝口本人則從這個視野出發，日後發展出了關於「公私」的比較社會史研究。

　　明末清初中國思想史的巨大轉換，與中國鄉村社會的巨大轉換直接關聯。溝口明確地指出了李卓吾思想的現實政治性，特別強調了他的無善無惡並非是對善的否定，而僅僅是對於居高臨下的抽象的「善」的否定，因而是「至善」，只有這種至善才真正能夠存在於民眾之中；而他對欲望的強調也並非鼓吹放縱欲望。正如他晚年嚴苛律己的個人生活所顯示的那樣，他僅僅是在原理上說明社會人所必然具有的欲望的真實性，並試圖在這一種混沌的「理的自用相」上確立政治治理的重點。溝口認為李卓吾的無人無己是一種萬物一體的政治觀，它把聖人、君主引入民眾的混沌之中去，重新闡釋了封建身分制度之下的支配與被支配關係，重新建立了「兵食」與「人人」之私的關係。李卓吾並非近代意義上的反封建政治思想家，但是他卻在封建統治身分秩序的邏輯中嵌入了民眾的人倫物理。李卓吾提供了一種以萬物一體的天觀為背景的公‧私關係理解，它不僅不同於西方近代意義上的公私觀念，甚至也有別於同時代的其他中

63　李卓吾：《焚書卷一‧答耿中丞》，中華書局，頁16。

國思想家。這是因為他徹底地否定了超越性思維的權威性格,在民
的日常生活層面重建了萬物一體之仁。

李卓吾對於人性中私欲的肯定,作為治罪的口實,為他招來了
晚年的牢獄之災。如果沿著倫理學的思路理解李卓吾的這一視野,
他對於欲望的肯定確實存在著某些潛在的危險。他生前死後遭受到
的非議,也證明了僅僅以他個人生活的嚴格道德操守,並不足以保
證他肯定欲望的道德正當性。因而,假如李卓吾僅僅從倫理學意義
上強調欲望的正當性,那麼他的思想功能將會大打折扣。溝口雖然
沒有正面處理這個問題,但是他敏銳地意識到了李卓吾的形而下之
理並不是簡單的思想解放和個性張揚,也並非只是對於市井小夫追
求利益之舉的道德肯定,而是一種新的政治構圖。溝口援引李卓吾
下面這段話,確實是獨具匠心的:

> 夫天下至大也,萬民至眾也,物之不齊,又物之情也。……彼
> 政教之所以不能使民格心歸化者,正以條約之密,無非使其就
> 吾之條理,而約之於中,齊其不齊,而使之無太過不及之病
> 也。是欲強天下使從己,驅天下使從禮,人自苦難而弗從,始
> 不得不用刑以威之耳。……夫天下之民,各遂其生,各獲其所
> 願有,不格心歸化者,未之有也。世儒既不知禮為人心之所同
> 然,本是一個千變萬化活潑潑之理,而執之以為一定不可易之
> 物,故又不知齊為何等,而故欲強而齊之,是以雖有德之主,
> 亦不免於政刑之用也。[64]

64　李贄:《道古錄卷上‧第十五章》,《李贄文集》第七卷,張建業主編,社會科

　　李卓吾的這一治政觀念，無疑與其後黃宗羲關於皇帝大私和民之私的論述有著內在的聯繫，可以說是開啟了明清爭得民生權利自主性思潮的政治思路。但是，李卓吾的這個思路卻為他招致了雙重的敵人：從他晚年的牢獄之災來看，對他的迫害來自兩個方面，而這兩個方面在政治立場上卻是對立的。首先，對他加以迫害的政治力量是東林派政治家。萬曆二十八年（1600），被東林派引為同道的馮應京任湖廣按察司僉事，在湖北驅逐了李卓吾並焚燒了他居住的芝佛院，對他進行了現實迫害；兩年之後，東林派代表人物、都察院禮科給事中張問達上奏彈劾李卓吾，理由主要有三，一是李卓吾推崇史上無道的統治者，二是放浪形骸，狎妓肆行，勾引士人妻女；三是誘導士人脫離孔子名教而沉溺於禪教沙門。而另一方面，萬曆皇帝則與東林派重在追究李卓吾「縱欲」主張的思路不同，他不問李卓吾桃色新聞的真偽，把治罪嚴格限定在了「敢倡亂道，惑世誣民」這一政治層面。[65] 然而在明末皇帝宦官專制與地主士大夫官僚政治之間，以礦稅、傳位等問題為導火索，一直存在著深刻的矛盾，在迫害李卓吾這個異端的問題上一度站在一起的萬曆帝和東林派之間，也存在著對於王朝體制的不同設想和由此而生的對立。事實上，比起日後魏忠賢時期東林黨人士遭到的殺身之禍，李卓吾受到的迫害尚顯溫和，而直接迫害了李卓吾的馮應京和張問達，後日也因其東林派的立場而遭到了貶謫。所以李卓吾與朝廷和東林派的對立所顯示的，是一組遠比「對抗封建體制」更為複雜的政治力

　　學文獻出版社，2000年，頁364-365。

65　參見許蘇民：《李贄評傳》，南京大學出版社，2006年，頁165-180。

學關係，其核心正在於明末時期里甲制解體過程中新的政治構想之間的齟齬。

李卓吾關於形而下之理的論述，他對於人的欲望正當性的論述，在這一時代狀況下無法僅僅理解為道德課題。事實上，李卓吾是在摸索和闡釋一種近於烏托邦的政治構想：如上引《道古錄》所言，他認為理想的政治應該承認萬民不「齊」的基本狀況，也就是數量龐大而且參差不一的萬民無法統一到一個既定的綱常標準上來，這個標準只有在變動不居的具體狀況中呈現為千變萬化的形態，亦即成為「活潑潑」的形而下之理，才能有效地完成其治理功能；而權勢者和士大夫階層，借助於「吾之條理」建立唯一的金科玉律，想要強迫天下之人服從自己制定的道理，就違背了「物之不齊」這一情理，必然受到抵制，由此才產生出「用刑以威」的後果。至於李卓吾設想的「天下之民，各遂其生，各獲其所願有」的所謂「縱欲」狀態，並非是從民的個體角度釋放的個性解放要求，而是在設定「不格心歸化者，未之有也」的政治局面。也就是說，讓人人各得其所，是李卓吾設想的國家治理基礎，它的具體目標在於「天下歸心」，也就是儒家傳統的仁政。在明末，曾經富有活力的朱子學已經成為教條，曾經具有革命性的陽明學也面臨轉型，李卓吾正是在這樣的歷史條件下鑄造著適合新的歷史要求的政治治理構想，溝口也正是在這個關鍵的歷史環節上賦予了李卓吾以特別的意義：他通過李卓吾在明末的被曲解乃至被汙名化的經歷，也通過對於東林派進行的深度研究，透視了那個歷史巨大轉折期的嚴峻性和混沌狀態，獲得了重要的線索以完成他付出畢生精力建構的中國歷史邏輯。

李卓吾追尋的形而下之理，由於特定的政治內涵，就不僅僅

是學理上的認識論討論；然而通過與他的主要論敵東林派士人的論戰，他仍然在認識論層面提供了極具創造性的哲學內涵。在他關於真空、不容已乃至無善無跡的論述中，曾經一度被奉為超越性價值的理獲得了形而下的「百姓日用」形態，但這並不是李卓吾思考的終結點。李卓吾進而追問的，是如何在形而下層面獲得「真空」之理，換言之，形而下層面的普遍性如何才能得以實現？這也是他在〈答鄧石陽〉中論述的核心問題。在李卓吾否定了形而上的吾之條理並強調了萬物不可簡單歸一的「不齊」所具有的正當性之後，他面對的正是前一節我們看到的溝口所比喻的那個險境：在毫無依傍的狀態下跨出懸崖，隻身飛翔在不定之點上。

　　但是在李卓吾這裡，卻是用另外一種方式處理這種險境的，這就是他區分「於倫物上識真空」和「於倫物上辨倫物」的深意所在。於倫物上識真空，須得結合他緊接著在下文中強調的真空也就是所謂「空不用空」來理解，這就是說，於倫物上識得的真空，如同他在〈答耿中丞〉中論及孔子的出類之學時所說的那樣，是不可通過一己之言加以言說的；更重要的是，這真空是「終不能空」的。關於此點，他在〈解經文〉裡有更明白易懂的解釋：「世間有一種不明自己心地者，以為吾之真心如太虛空，無相可得，只緣色想交雜，昏擾不寧，是以不空耳。必盡空諸所有，然後完吾無相之初，是為空也。夫使空而可為，又安得謂之真空哉。」[66]

　　李卓吾批評說，那種認為人可以回到假設的原初狀態，並由此去除後天的干擾，達到無相的境地，從而最終達到太虛空境界的想

66　李卓吾：《焚書卷四・解經文》，中華書局，頁136。

法是作偽，因為真空不允許人為設定，更重要的是，它的空並不是
「無相」，並不是空諸所有，而是不定相，也就是因人而異，並且假
托為「不空」的諸相，所以學者才必須於倫物上識真空。所謂「終不
能空」，說到底，是指人不可能在心相的層面上超越。所以，心相
是真心所現之物，真心卻不在色身之內。

李卓吾由此限定了他形而下之理的「普遍性」：它是不能被抽象
超越的「真空」，但它卻具有超越性；它的超越性體現為它拒絕一切
「人之所能空」的作偽，拒絕通過抽象為一而被確定和物化。只是在
不容一絲人力的意義上，真空才是超越的，但它只能借助於人的心
相色身呈現，也就是說心相自然才是辨識真空的唯一渠道。因此形
而下之理的普遍性，體現為在個別性中所具有的這種「不容力」的
超越性，這其實是對自上而下的「吾之條理」的限定。李卓吾正是
在這個意義上強調孔子的出類之學在於他不可容力之「巧處」，換言
之，李卓吾認為孔子所代表的儒家治政理念，是創造「麒麟與凡獸
並走，凡鳥與鳳凰齊飛，皆同類也」[67] 的社會狀態，而這種狀態，
首先要求的就是對於萬物不齊、聖愚一律的認可，個體只有通過徹
底破除以吾之條理強加於天下的想法（這正是李卓吾與耿定向論戰
的關鍵分歧），才能達到從心所欲不逾矩的「天人合一」狀態，主客
體在天人合一的狀態中才能得到真空，獲得普遍性。這個獲得普遍
性的媒介，不是西歐式的天人分離，而是中國式的天人合一，這一
點對於李卓吾、對於中國的明清思想史，對於溝口雄三的中國歷史
基體論述，都具有決定性的意義。

67　李卓吾：《焚書卷一‧答耿司寇》，中華書局，頁33。

六、作為方法的中國：經驗深處的結構性想像力

　　沉潛於李卓吾的過程帶給溝口雄三的學術成果是驚人的。李卓吾特立獨行的思考不僅集中了明末清初歷史轉型期的特定矛盾糾葛，他徹底的不容已精神所建構的形而下之理，也照亮了中國思想史的內在理路。而溝口通過貼近文本的細讀，則最大限度地激活了李卓吾提供的思想營養，結構性地勾畫出前近代中國思想的圖譜。

　　李卓吾的「於倫物上識真空」，開啟了溝口的工作方向。與通常的學術習慣相反，溝口終生追問的基本問題都是切合著生命「飢餓感」的樸素問題：中國歷史到底有沒有自己的原理？為什麼既定的對於中國歷史的解釋無法有效地對應李卓吾，也無法有效地對應中國思想傳承的複雜過程？中國的「近代思維」到底具有什麼樣的內涵，它是否真的在前近代時期遭到了挫折？

　　在某種意義上，溝口在中國思想史研究的階段上也處於類似於李卓吾的位置：在他尚處於研究生時期、還沒有細讀李卓吾的時候，日本中國學已經達到了一個輝煌的階段。以島田虔次、荒木見悟等中國思想史大家所代表的區別於傳統漢學的中國思想史研究，不但發掘和積累了堅實而全面的史料研究成果，而且對於很多歷史人物和歷史事件做出了有深度的解釋。如果只是在大致的思想傳承位置上進行粗略比較的話，日本中國學研究在這個時期大致上處於類似於陽明學在明代中期向其後過渡的階段：它完成了卓有成效的建構，把中國學研究從騎牆式的傳統漢學樊籬中徹底解放出來，同時也繼承和揚棄了津田左右吉、內藤湖南等大家所代表的支那學和東洋學遺產，為溝口這一代人奠定了非常高的學術起點。

　　然而溝口仍然感到「飢餓」。造成這種飢餓感的契機，正是李卓吾和他「不容已」的飢餓狀態。

　　當溝口對島田虔次的李卓吾研究以及他的名著《中國近代思維的挫折》提出質疑的時候，他並非是在挑戰島田的具體個案研究，事實上，他在自己的著作中也不時援引島田對於明代思想人物和事件的分析；溝口質疑的是島田學術的前提。在李卓吾這樣一個富有歧義的思想人物身上，島田與溝口的分歧表現得最為明顯。在島田那裡，李卓吾是中國明末早熟的近代思想家，他的〈童心說〉代表了個人的主體從天理中獨立出來的「天人分裂」思想傾向，他對欲望的肯定具有鮮明的近代思想特徵。而在溝口那裡，李卓吾對於個人意識與欲望的肯定和強調不僅不代表天人分裂，反而是對於天人合一的最有力的闡釋；而其後溝口在他中國思想史關鍵概念解析的系列論文中進一步深化了這個問題意識，極具啟發性地提出了下面這個問題：以唐宋為界，中國思想擺脫了傳統的天人相關論；特別是朱子學達到的頂峰，暗示了諸如西歐思想史中天人分離的條件業已存在，然而中國思想不但沒有產生類似的分離形態，反而走向了新的天人合一，這是為什麼？

　　溝口在李卓吾那裡感知到了這個新的天人合一特性：它不再是以天為核心的自上而下的合一狀態，而是把重心從天轉移到了人間世界，具有了真正多元和形而下的形態。在溝口的視野裡，這個新的思想要素的形成，在二程子特別是朱子的天理觀念中已經初具端倪，中經陽明學特別是王龍溪的無善無惡論，終於在李卓吾那裡通過他對真空的體認得到了確立。李卓吾對於自上而下的「天則」的抵制，並不是籠統的「對抗封建制度」，他對於孔子的「不敬」言

論，也不過是試圖把聖人之道從僵化的假道學中拯救出來而已。他在思想上的一切努力，與其後的黃宗羲一樣，都與倡導西歐式的個性解放、個人權利無緣，服從的是中國歷史內在的邏輯。

在島田的時代，中國研究的基本課題意識尚且是如何突破中國歷史停滯論的束縛，如何與傳統支那學歧視中國的意識形態對決等等問題。可以說，島田對於李卓吾等明末清初思想家的「西方式」論述，正是在這一點上具有了相應的革命性：與其後中國學中出現的「中國革命價值觀」一樣，證明中國具有西方式近代的論述方式，曾經一度代表著進步的思想品格。

但是階段性的歷史功能永遠與思想的原理性論述屬於兩個不同的層面。正如島田這一代思想史家所挑戰的上一代支那學家也曾經具有其特定的歷史功能一樣，這種直接回應時代課題的思想命題終將因一個時代的結束而完成它的歷史使命。但是，真正的思想生產畢竟還具有原理性的層面，這一層面在它的歷史階段性功能失去之後，仍然能夠得到傳承。當朱子學在其後的時代裡逐漸被演化成僵化的教義時，朱子學中的原理性成分依然能夠得到陽明學的傳承，只不過這種原理是通過揚棄的方式得到轉化的；而陽明學在明代後期無法適應時代狀況的時候，王學左派乃至李卓吾則同樣通過揚棄的方式轉化了它的能量。最為激烈和徹底的李卓吾跑得太遠，以至於遭到與他在思想上本為同道的東林派的激烈否定，但是，明清之際並不推崇李卓吾的黃宗羲、顧炎武、王船山，甚至清中期的戴震，卻在事實上發展和重新打造了李卓吾的童心說、兵食論以及他的克己復禮觀。

很難把津田那一代支那學家的成果比附為朱子學，也很難把

島田等中國學家的成就等同為陽明學，當然，把溝口直接視為李卓吾也並不合適，但是，假如我們能夠以溝口的歷史眼光來觀察日本幾代人的中國研究，那麼，或許可以感覺到，儘管在層次上和思想含量上他們無法與他們的研究對象相提並論，但是有一點卻是相似的，那就是他們的思想傳承方式也具有這種批判性繼承的特徵。

島田虔次的《中國近代思維的挫折》出版於1948年，同一年竹內好發表了他的名作《中國的近代與日本的近代》。可以說溝口從島田與竹內那裡分別獲得了不同的精神營養：島田使他自覺地確立了在中國思想史中建立連續性和結構性歷史敘述的工作目標，並為此而積極評價儒學的功能、以長時段的歷史眼光觀察中國近代的完成過程；而竹內好則使溝口獲得了翻轉進步與落後價值判斷的能力，從而使他對被竹內好稱之為「回心」或「抵抗」的中國思想與文化形態發生了真正平等的學術興趣。

這些學術與思想資源為溝口提供了高質量的學術營養，但他卻並未能夠因此消除掉自己的「飢餓感」。上世紀70年代，在溝口所處的歷史階段，一個新的歷史要求已經產生：內在地結構性地解釋中國歷史的邏輯，並且切合這種邏輯提煉中國原理。

這是在文革後期，冷戰的現實結構開始出現裂隙，中日之間也恢復了邦交。但是日本社會對於中國的冷漠乃至蔑視仍然沒有改善，與此同時，對於西方社會盲目的膜拜之心有增無減。在溝口開始撰寫《屈折與展開》之際，竹內好曾經激烈地抨擊過的優等生文化，在日本學界仍然占據著主導的位置。只是，學界奉為楷模的，並不僅僅是以市民社會理論為首的西方理論，還有來自革命中國的意識形態。

　　溝口從李卓吾那裡獲得的滋養，或許正是在這樣的時代環境中催生了他特別的問題意識：他決定不效法島田虔次的方式，亦即不在中國思想史之外尋找有效的概念工具、並以此回應歧視中國的學術思潮；而是在中國思想史研究中暫時「擱置」關於思想分歧的種種現實責任，專注於在歷史的脈動中「求真」。

　　在溝口看來，島田雖然極具創造性地在中國宋以後特別是明清的歷史中揭示了思想史持續發展的理路，但是卻採取了「不得已」的方式，即全部依靠來自歐洲的思想史概念，並試圖在中國歷史中讀出歐洲來。不言而喻，對於把中國歷史視為與西歐歷史完全不同的「停滯論者」而言，島田的這個思路已經構成了重大的挑戰，況且他並不是在低水準的意義上套用西歐的概念，而是在中國也有歷史這一視野裡從中國「讀出歐洲」；但是，問題在於島田清楚地表明這是不得已而為之的，因為他在後記裡說明：「與其強調中國的獨特性卻從一開始就不打算去理解它，還不如暫時先把已經有了很好積累和整理的歐洲式學問的諸種概念作為線索，也就是說，首先嘗試著在中國裡面讀出歐洲來；除此以外，別無其他推進的方法。而其實問題在那之後。當我們遭遇到那些與歐洲諸種概念不相干的對象時，該怎麼辦呢？」[68]該怎麼辦，島田並沒有說。溝口準確地把握了島田這番話的分寸，他讀出了島田在他所處的那個時代裡的特定知識立場。溝口指出：島田在他那個時代裡，除了借助於歐洲的概念進行「歐式的」分析之外，並沒有其他理解中國的途徑；而且島田認為，即使進行歐式的分析，也究竟比完全缺乏理解地直接強

68　島田虔次：《挫折2‧後記》，筑摩書房，頁259。

調中國的特殊性更有意義；就當時認為亞洲和中國歷史停滯才是其特殊性的時代風潮而言，強調中國特殊就是強調中國沒有歷史。但是溝口認為，在自己所處的這個歷史時期裡，「內在地理解中國」已經成為了必須的前提。島田當年所採取的策略，給他的研究帶來了致命的缺陷。他一方面認為中國思想史確實存在著某種體系性，然而另一方面又遺憾地承認，借助於歐洲思想的關鍵概念去分析，這種體系性不僅無法呈現，相反，中國思想在歐洲透鏡之下呈現為斷片的、扭曲的、蕪雜的狀態[69]。但是，在經歷了近半個世紀之後，對溝口這代人而言，打造切合中國歷史原理的概念和視角已經成為現實的課題。借助於歐洲的概念來解釋中國，已經不再具有當年的進步性，倒是其弊端越來越顯現出來了。[70]

對於竹內好有關近代的論述，溝口也提出了質疑。儘管在處理竹內好這種類型的思想家時，溝口並不像他解讀島田那麼得心應手，但是他提示了一個耐人尋味的基本事實：竹內好雖然並不是一個嚴格意義上的學問家，但是卻影響了溝口這一代人，甚至他的影響力超過了有著嚴謹治學功底的島田虔次，為戰後日本中國學奠定了一個基本的視野。

這個視野就是在價值上顛覆以西歐為標準的近代觀念，否定進步·落後這種單線進化論的思路，從而把一向被視為落伍者的中國

<hr />

69　島田虔次：《挫折2·補論》，頁211。值得注意的是，島田在指出這種無從呈現中國思想體系的遺憾之後，立刻強調只要在中國思想史中繼續推進「讀出歐洲」的努力，一定會找到中國思想獨特的價值，而且，他堅信存在這種價值。顯然對島田那一代人而言，溝口感覺到的認識論困境尚不構成問題。

70　參見溝口雄三：〈序章·五　關於李卓吾的評價〉，《屈折與展開》，東京大學出版會，頁24-33。

作為正面的形象加以認識，並由此檢討和否定日本的優等生文化。正是竹內好提供的這個思路，賦予了戰後日本中國學研究以對中國革命的嚮往，並引發了對日本文化的自我批判。

　　或許令竹內好沒有想到的是，他的下一代中國學家們，以一種特別的方式繼承了他的思想——他們把對他「學術籠統性」的批判作為自己學術的起點或者動力，溝口也是其中的一人。他對於竹內好提出了兩點質疑：第一，竹內好的近代觀作為對歐洲近代的反命題，在事實上他的思路是受制於歐洲的；第二，在把中國的近代理想化的同時，竹內好也把日本的近代徹底否定了。這兩種判斷因為只是依靠了肯定或否定的單純態度，因此同屬於一種反歷史的視野，從這個視野裡不僅無法產生客觀的中國研究，也無法產生客觀的自我認識和日本研究[71]。換言之，竹內好的中國認識雖然具有強大的思想能量，卻不能有效地提供建立新的中國學研究的認識論資源。

　　儘管溝口晚年重讀竹內好，並嘗試重新討論竹內好思想的歷史功能，[72] 而且他早年對竹內好的批評確實有失偏頗；但是當他早年這樣做的時候，他所面對的問題本身卻是極為重要的：溝口意識到，不僅利用島田式的「在中國讀出歐洲」的方式無法有效深入中

71　溝口雄三：〈考察「中國近代」的視角〉，孫軍悅譯：《作為方法的中國》，三聯書店，2011年，頁1-9。

72　例如他在為中文論文合集《中國的思維世界》（溝口雄三、小島毅主編，江蘇人民出版社，2006）所寫的序中，明確地重新評價了竹內好的《魯迅》與《中國的近代與日本的近代》。在這一時間點上，溝口已經初步完成了他努力推動的「中國研究客觀化」的創建，但是卻面臨新的困境，即「為知識而知識」的中國研究逐漸成為主流。為此，溝口重新回到竹內好，開掘他關於建立主體性的思想源泉。在此意義上，他正確評價了竹內好的工作。

國的歷史，而且利用竹內好式的在「中國讀出回心（抵抗）」的方式也同樣無法深入中國的歷史。儘管竹內好本人不曾試圖進行有關中國思想史的「學術研究」，但是，他的影響力確實在中國學領域內引發了關於中國革命的肯定性評價，溝口意識到了危機：竹內好對於中國研究主體性的追問，如果被直接應用到中國學研究本身中去，那麼，它必定會帶來學術討論的籠統性和意識形態化。溝口認為，無論是參照西方從而認為中國的近代為斷片、扭曲和蕪雜的要素，還是認為中國的近代超越了西方具有更為進步的特性，說到底都是戴著西方的有色眼鏡看中國。溝口的問題是，為什麼不能摘掉這個有色眼鏡呢？他強調說，「中國到底是不是落後，作為一個一般命題原本並不成立」。[73]

在溝口進行上述論述的1980年代，他面對的「沒有中國的中國學」並不僅僅是傳統舊漢學，也包含著對中國革命充滿了認同感的進步中國學家的中國學。這些中國學家大多接受竹內好對日本嚴厲的批判，也因而對中國有強烈的認同。溝口敏銳地察覺到，即使在日本民族主義悄然復活的情況下，這種出於良知而認同中國的進步立場也不會因為它對民族主義的直觀否定而催生真正的中國學。因為這樣的知識立場不會把中國作為原理加以分析，而僅僅是把中國作為日本或者西方的「反命題」加以某種理想化。

從同一個問題意識出發，他在另一篇論文裡以西順藏的一些看法為例提出了批評。

西順藏是日本中國哲學研究領域中很有建樹的大家，屬於溝口

73　溝口雄三、小島毅主編：《中國的思維世界》，頁42。

的前輩學者。他對中國思想的研究，從溝口的視角看來，屬於「超近代」的（顯然，為了尊重西氏的進步立場，溝口刻意迴避了「近代的超克」這一容易引起複雜聯想的說法），也就是對抗西歐式近代的立場。西氏對於轉型期中國的基本分析，溝口歸納如下：中國在鴉片戰爭以來從洋務到變法，即從「西用」到「中體」都被改變了，最後只剩下了中國農村，這是從歐洲視角看來屬於古代的、封建的、超古代的、停滯的舊中國的底層，它的主體「人民」由於缺少西歐近代國民的主體契機，構成了拒絕封建、帝國主義、資本主義制度下階級統治的「否定的主體」，最後由中國共產黨的實踐打造成具有主體思想的人民總體。西順藏在這個「否定的辯證法」前提下肯定了中國革命，例如他解釋文化大革命為「沒有文化的人民創造出文化」，並認為農村包圍城市的革命運動方式是無法被歐洲規定的中國今後的發展走向。[74]

　　溝口的疑問是，既然要論述中國革命思想的獨自性，既然要否定歐洲的中國停滯論，為什麼不可以從一開始就使用「中國的視角」，非要捨近求遠地使用歐洲的有色眼鏡呢？他尖銳地批評說，這是因為西氏有必要從歐洲式的中國裡找回自我。而這種找回自我的方式是通過對歐洲視角中「落後」部分的正面肯定完成的——例如相對於歐洲「人格自由的原理」，肯定毛澤東的「總體人民的哲學」。溝口指出：「在原理上顛覆個體與總體的關係，就此而言『使歐洲的體系・世界本身』被『中國反過來批判和規定』，這樣說是成

74　溝口雄三：〈近代中國圖景的再檢討〉，《作為方法的中國》，三聯書店，頁40-42。

立的；但是由於這一反批判·反規定是以歐洲體系和世界『本身』作為基準的，因而這一『反』，從一開始就是被歐洲的體系·世界所規定的。」因而，拒絕接受西方進步史觀的西順藏，由於他使用的方法是正面肯定被西方認定的「落後」部分，結果反倒因為共有這一邏輯而掉入了進步史觀的陷阱。[75]

溝口對西順藏這一革命哲學的質疑與他對清末民初中國啟蒙知識分子的質疑是有關的。從嚴復到康、梁，從陳獨秀到毛澤東，都以不同的形態共享了這一「落後」的價值判斷並以此為前提論述革命的必要。溝口顯然認為這種意識形態對於正確認識中國的歷史走向是有害的。他認為這種僅僅依靠國民生產總值去衡量文明和歷史並做出價值判斷的做法是有失偏頗的，而且容易產生因追求自己沒有的東西而來的不滿足感。

溝口對於西方近代價值體系的這種態度，很容易被人認為是「反西方」的，但是這並不準確。當他質疑島田使用西方的概念讀中國的時候，他認為問題並不在於島田使用西方的概念，而在於這種使用是以西方概念為前提的。溝口追問道：從歐洲的標準看來，中國的獨特性確實是片斷性的和扭曲的，可是從中國的標準看，歐洲的獨特性不也同樣是片斷的和扭曲的麼？[76]這是理解溝口知識立場的關鍵線索。溝口本人在寫作中並不拒絕使用歐洲的概念，比如「普遍性」、「個性」、「自由」等等，所以他並不是直觀意義上的「反西方中心論」者；溝口反對的，是把歐洲的概念作為絕對的前提來

75　溝口雄三：〈近代中國圖景的再檢討〉，《作為方法的中國》，三聯書店，頁42-43。

76　溝口雄三：《屈折與展開》，東京大學出版會，頁26。

衡量亞洲的歷史，而不是在相對意義上把歐洲思想和歐洲歷史作為
參照加以比較。

　　1987年，溝口發表了他著名的論文〈作為方法的中國〉。很明
顯，無論在標題上還是在基本思考方式上，溝口都繼承了竹內好的
〈作為方法的亞細亞〉。這兩篇文章都充滿了強烈的批判精神，然而
它們共同的特徵卻都在於不以批判作為目標。溝口之所以強調要把
中國作為「方法」，是因為他需要進行的工作並不是絕對化中國這個
前提，而是建設「自由的中國學」；正如竹內好假如是個對抗歐洲中
心主義的亞洲主義者的話，他也不需要把亞洲轉化為「方法」一樣。

　　溝口說：「以中國為方法，就是以世界為目的。」[77] 這是一種對
於世界的感覺方式。相對於「以中國為目的」的既往中國革命史觀，
以「中國為方法」並不把對於中國的認同作為目標；中國作為一個
研究對象，與其說是一個實體，毋寧說是一種高度流動的機制。溝
口關注的正是以「中國」命名的歷史機制，他稱之為「基體」。他曾
經在〈近代中國世界圖景的再檢討〉中勉為其難地闡釋過自己的「方
法論」：「如果被迫不得不回答的話，我只能說，我是立足於基體展
開論的。」[78]

　　這個基體展開論，是一個關於中國歷史從古到今的整體構想。
簡言之，這是關於一個多民族、多文化文明世界的哲學、思想和社
會原理的假說，它依靠對歷史關鍵環節的深入把握勾勒出了一些基
本輪廓，依靠非凡的歷史想像力建構了有準確史料依據的歷史脈

77　溝口雄三：《作為方法的中國》，三聯書店，頁130。
78　溝口雄三：《作為方法的中國》，三聯書店，頁55。

絡；來自西方的「近代」衝擊和現代中國的意識形態敘述，作為危機認識的媒介被組合進了這一歷史過程，卻不可能構成前提或者結論。與此相對，溝口力圖追尋的，則是傳統中國的儒教倫理和社會制度在不同歷史時期的變化環節，以及它們被歷史衝擊和淘洗之後獲得的新形態。在他的視野裡，從宋代朱子學開始的天理觀等等哲學觀念的轉換、從明代後期開始的田制改革和鄉村自治運動等等社會形態的變化，構成了綿延至今的中國歷史的潛在流向，在這個脈絡裡，發生了辛亥革命和中國革命，也發生了當今世界上的「中國的衝擊」。

　　基體是一個給人錯覺的概念，容易被理解為實體化的固定存在物；在內發、本質等等詞彙都被視為保守主義代名詞的學術風氣下，溝口被誤解為文化本質主義者，在很大程度上與他的這個說法有關。相比之下，「方法」一詞更接近溝口的本意，雖然它容易被窄化地理解為操作層面的「方法論」，但是，它明確地傳達了溝口把中國歷史邏輯解釋為一套具有內在機制的有機結構的構想。繼承了島田虔次關於中國歷史具有自己內在機制的視野，溝口通過思想史研究本身解釋了島田無法解決的問題：用歐洲的現代性理論無法整合起來的中國歷史機制，並沒有發生島田所設想的挫折，相反，它一直在有效地運作並且向著與歐洲歷史發展不同的方向發展。只是，這個發展並非一馬平川，它不斷經歷著屈折迂迴——而這也正是所有歷史發展的基本軌跡。溝口日後提煉了關於這個歷史結構內在機制的一系列關鍵概念，但是如同不立論的李卓吾一樣，他同樣也並不依靠這些概念安身立命。對於他而言，飢餓感所帶來的對於不斷變動的歷史的敏感度，才是進入歷史的真正途徑。

　　溝口把中國作為方法，使自己區別於那些把中國作為實體的「中國中心主義者」。他強調以世界為目的，並且尖銳地批判了那種把西方發達國家的視野視為「世界」的一元論思維定勢，但是，他卻沒有掉進二元對立的陷阱。溝口所強調的作為目的的「世界」，是一種把西方相對化的多元世界構圖，在這個多元的世界裡，西方只是其中的一元（準確地說，西方本身也是多元的），它是世界的組成部分，卻不是世界的衡量標準。同理，中國也只是其中的一元，它也不能取代西方成為「世界」。在這樣的多元構圖中，每個個別性的單元都以自己的歷史獨特性為世界格局增加豐富性，而它們之間也可以構成相互參照、比較的關係。溝口所說的「目的」，就是建立一個去除了霸權思維、彼此形成差異性關聯的世界思想體系，這個思想體系並不存在中心，因此區別於以往的以歐洲思想為普遍性觀念的結構方式；同時，這個思想體系的多元也體現在它的機能性格中，它不以實體性的歐洲或者亞洲、中國為原點，而是以這些實體地域中歷史地形成的某些精神特質作為思想課題的媒介，亦即把在實體性的地域中產生的思想成果轉化為機能性的論述；在以往的知識生產中，這種把歷史性地產生的地域思想成果轉化為機能性論述的過程僅僅發生在歐美世界，而這種轉化雖然完成了把實體性的問題意識（亦即這些思想成果僅僅針對著歐美歷史過程中的特定問題）轉化為機能性認識論的過程，卻同時以一元的方式把已經機能化了的媒介重新實體化了——試想來自於歐美的現代性理論怎樣不被質疑地作為世界史論述的前提，就不難理解這種機能化的思想如何又被實體化應用。

　　〈作為方法的中國〉，正是在這一意義上使中國非實體化，亦即

完成了中國研究的機能化。溝口在文章中不僅批駁了沒有中國的中國學,而且同時批駁了以中國為目的(亦即把研究的目標置於中國內部)的為了中國的中國學,這一同時批判的方式是耐人尋味的。就沒有中國的中國學而言,它是以日本為實體吸收中國「知識」的方式,這是民族主義學術的形態,它在和平時期製造輕視中國的知識態度,在戰爭時期則很容易轉變為以日本為中心的霸權意識形態;就為了中國的中國學而言,這也是一種實體化的思維方式。由於把中國絕對化為固定的前提,使得中國學服務於對中國進行正面價值判斷的目的,這意味著中國學只能按照這個目標來工作,它必然要求捨棄那些不利於這一目標的歷史邏輯,同時也會在某種時代狀況下以「中國中心」取代「西方中心」。

溝口這種兩面出擊的批判方式,反過來暗示了他主張的「自由的中國學」所具有的機能性。由於中國思想史基本問題不在實體意義上被強調,對於中國固有歷史邏輯的論述就不再可能被用來論證中國歷史不變動的「本質」,哪怕溝口使用本質這個詞,他也是在機能意義上使用的。在溝口的視野裡,中國歷史的本質(用他的話說就是「基體」)僅僅意味著一些相互制約的內在機制,它隨時可以變化為不同的形態,並且通過這些不同的形態才能呈現自身;也只有在這個意義上,中國才能成為「方法」。

溝口這一基體展開論的構想,使得他無法成為書齋裡的學究,他必須磨礪自己的思想工具。這是因為,他面對了大量的認識論困境,而這些困境背後則存在著隱形的思想分歧甚至是學術政治的鬥爭。為了把中國學從實體意義上解放出來,溝口還把津田左右吉作為一個媒介,討論自由的中國學如何可能的問題。

　　津田左右吉（1873-1961）屬於竹內好的上一代人，作為東洋古代史、思想史大家，他開創了具有嚴密實證精神的現代學術傳統，但是他的中國歷史停滯論和對中國的歧視態度也受到戰後進步中國學家的批判。溝口指出，儘管津田的歷史觀念和價值觀念具有鮮明的時代制約特性，但津田支那學中強烈的原理主義，卻並不能簡單地與這些侷限性畫等號。正是在津田的原理主義當中，溝口試圖為自由的中國學發掘認識論資源。

　　溝口指出：津田完成的從舊漢學邁向支那學的決定性一步是把中國與日本各自作為一個不同的獨立世界加以認識。儘管他在價值觀上存在著歧視的問題，但是卻提出了客觀完整地進行歷史研究的目標。這種目標體現在他反對研究者把自己的研究對象權威化並把自己埋沒到其中的做法，並使他挑戰那種在個別性的外部設定普遍性的思維方式。溝口強調，這是今後的中國學應該批判性地繼承的原理。[79]

　　津田支那學關於中國古代的天—天命—帝王—天德—民心—天意—天這一原理的討論，對於後來的日本中國學形成了很大的影響，得到了包括革命中國學家在內的戰後中國學的批判繼承。

　　值得注意的是，溝口對於有著明顯時代侷限性的津田支那學所進行的這種分析，與他在〈作為方法的中國〉、〈考察中國「近代」的視角〉中對革命中國學的批評，形成了非常內在的結構呼應關係，使我們得以清楚地勾勒出他所思考的那個「方法」，亦即作為機能的

---

[79]　參見溝口雄三：〈津田支那學和今後的中國學〉，《作為方法的中國》，三聯書店，頁142-146。

中國學的基本品質。由於歷史過程的不斷變化,直接呼應時代課題的知識生產在一個歷史階段結束之後,必將失去它的功能;無論是津田支那學歧視中國的世界觀,還是革命中國學標舉中國革命的歷史觀,在功能層面都將面臨這一「失效」的命運;問題僅僅在於,這些在觀點上互相對立的時代課題意識,是否構成了學術的基點,是否是學術的目標。溝口之所以批評他懷有親近感的革命中國學對革命中國的無條件推崇,之所以重新開掘他在價值觀上並不認同的津田支那學,正是因為他無法把這些價值判斷視為學術的核心。津田支那學也正是在其「原理主義」的意義上,為如何在與時代課題對話的層面上探討原理的問題提供了啟迪。顯然,在溝口看來,革命中國學並非因其對革命這一時代課題進行回應而需要進行自省,而是因其回應的方式過於淺表和缺少原理性而失掉了應有的價值:它過於急切地把對抗西方的意識形態工作作為自己的目標,因而失掉了客觀地探尋中國歷史內在邏輯的餘裕。如果轉用溝口的說法,可以說這是不自由的中國學。津田支那學雖然具有不正確的意識形態,但是它強烈的原理主義卻保證了這些意識形態無法真正構成其學術前提。換言之,除了歧視中國的意識形態之外,津田支那學依然留下了可供自由的中國學繼承的學術營養。

值得注意的是,溝口追求的自由的中國學,並沒有把那些遠離時代課題的鬆散知識作為學術營養,因為這些知識缺少主體深度,反倒最易於被意識形態所利用。可以說,「自由」絕非意味著遠離時代和遠離政治。「方法」正是在既區別於直接現實效用、又區別於遠離現實的學究知識的意義上,間接地與時代課題建立聯繫,同時又以不被這些課題回收的方式建立根本性的分析視野,與時代課題隨

著時代變化而失掉意義不同，這種分析視野在一個時代的歷史逝去之後，仍然不會失掉它的意義。溝口倡導自由的中國學，追求的正是這樣的視野和假說。

事實上，溝口的這個思路不容易把握。這不僅僅是因為學界通行的二元對立感知模式使得人們把他劃歸到「反西方」的「中國中心論者」這一類別中去，更重要的是，他的思路不僅來自竹內好「作為方法的亞洲」所強調的多元世界構想，更來自他所沉潛的李卓吾。準確地說，「作為方法的中國」這一思路的深處，正是「作為方法的李卓吾」提供了精神營養。

讓我們回憶起李卓吾關於「於倫物上識真空」的主張。這是李卓吾形而下之理的關鍵之點。如果說革命史觀或者反中國史觀都是一種「於倫物上識倫物」的思路的話，那麼，「作為方法的中國」所倡導的，正是於倫物上識真空的思想生產。正如當年李卓吾的主張不能簡單地歸結為佛教思想就可以了事一樣，溝口的這個「方法」也不能靠認識論歸納了事。它雖然是區別於方法論的認識論，它雖然是在追問原理層面的根本問題，但是這些問題都無法在抽象層面上作為「理論」真正窮盡，換言之，不能以哲學的方式，而必須以歷史的方式，才能呈現溝口學術思想的真正品格。

這也正是形而下之理的價值所在。在學界仍然習慣於把普遍性視為超越所有個別性的高高在上的「一元」的同質性要素時，溝口所倡導的「多元」，必須在認識論層面上完成對於既定思維模式的相對化和重構之後，才能真正顯現它自身。我想這就是溝口過於嚴厲地批評西順藏，並過於嚴厲地質疑中國思想史上五四一代反傳統知識人的原因。溝口的這部分分析當然有失於粗略。他不僅沒有充分

肯定西順藏代表的那種「從歐洲式中國裡找回自我」的工作所具有的建設性思想功能，而且也沒有細緻地區分清末變法派人士和毛澤東否定封建制度的意識形態所具有的社會動員性格與思想史認識論之間的差異。然而指出溝口論戰姿態中的這些缺陷並不具有太大的意義，因為這並非他立論的主軸。恐怕問題的實質在於，當溝口把這些高質量的思想人物作為自己論戰對手的時候，他真正的關懷在於一個更為緊迫的思想課題，那就是：僅僅依靠對西方中國想像或者傳統中國的批判、對抗或者修正，無法找到中國的原理。這條思路的延長線上，沒有中國原理自由地自我呈現的餘地。

正是在這個基點上，溝口重新定義了批判的涵義。他說：對於沒有中國的中國學最有力的批判，是徹底地把中國客觀地對象化。換言之，他在特定的文脈中提出了一種關於「批判」的思路，它不同於通行的批判方式，即把否定對方的觀點作為立論的到達點，而是把揭示對方的限度作為出發點，目的在於推進正面的思想建樹。溝口一生的研究成果有說服力地證明：真正有質量的批判不是破壞，而是建設！

溝口帶走了一種工作方式。這種工作方式，他曾經形象地表述為「空著雙手進入歷史」[80]。寫於2002年的〈關於歷史敘述的意圖與客觀性問題〉一文在這方面提出了一些重要的問題，值得進一步推進和完善。

所謂空著雙手，當然不是指歷史家處於前知識的白板狀態。它指的是一種特定的思維狀態：不把既定的意圖與觀念形態作為前

80　溝口雄三：《中國的衝擊》，三聯書店，頁217。

提，不預先設定研究的主題與對象，在尊重歷史脈絡的前提下，盡可能地擴大閱讀範圍，並在彼此矛盾的史料中浸潤與游弋。溝口比喻說：「歷史的事實是魚群的生態，它不能被歷史學家釣出水面，而是當歷史學家潛入水底時，展現在他的面前。單獨觀察一條魚而絕不可能了解的魚群的生態或者魚群生息的海底生物鏈，這才是展現在我們面前的歷史。」[81]

或許在溝口表述他這種赤手空拳進入歷史的感覺狀態時，他並沒有意識到自己這種歷史感覺是如何形成的；然而假如我們回顧他早年所深深沉浸的李卓吾，那麼不難發現，在溝口晚年的這種歷史觀論述與李卓吾「不容已」的飢餓感之間，有著如此深厚的聯繫。是的，僅僅在技巧層面理解溝口對於「空手進入歷史」的表述是毫無意義的，因為假如沒有於倫物上識真空的功力，那麼不僅歷史會被肢解成一條條釣離水面的魚，從而使得魚群的生態（這正是形而下之理所內涵的歷史機制）被隨意扭曲乃至無視；而且更嚴重的是，活的歷史會被物化為一堆缺少內在有機聯繫的觀念或者材料，它們被重新拼湊組裝之後，會似是而非地偏離「倫物」，更無緣於「真空」，亦即無緣於活的歷史所特有的「動力」。

溝口對於歷史的動力有這樣的說法：「所謂『動力』，是在眾多的事實與事實的關係之間歸納性地浮現出來的虛構性映像，任何一種先行的框架都無助於發現它。」[82] 他對於歷史動力的解釋，從另一個角度說明，空著兩手進入歷史，絕非通俗意義上的「客觀地閱

81　溝口雄三：《中國的衝擊》，三聯書店，頁218。

82　溝口雄三：《中國的衝擊》，三聯書店，頁205。

讀史料」，也絕非按照自然時間的順序直觀地排列史料。如同李卓
吾的真空在心相自然中並不能空一樣，空手進入歷史正是為了探尋
無法以任何先在的框架所規定的「事實與事實的關係」。

溝口執著於這種知識方式，與當今學界仍然沒有真正克服的知
識生產單極化前提直接相關。儘管在抽象層面上，似乎第一世界與
第三世界的知識分子共同完成了對於西方中心論的克服，甚至在某
些情況下，第三世界的知識菁英似乎正在掌握主導性話語權力；但
是，溝口所提出的多元化世界想像和「自由的中國學」目標卻遠未
實現。今天的知識霸權並不發生在顯在的知識論述層面，而是發生
在潛在的知識習慣與思維習慣層面。用溝口的話說，它深入到了當
事人不把偏見視為偏見的程度。在亞洲研究領域裡，依靠西方史學
基本視角結構歷史的偏見，已經固化到了教科書的層面，並不斷地
進行再生產。[83]

溝口貫徹了他關於批判的態度。他了解，對於這些偏見進行直
接的揭露與批評，無助於去除這些偏見。真正的批判行為是建設。
赤手空拳地進入歷史，不戴有色眼鏡地尋找中國歷史的動力，這才
構成真正意義的對抗。與李卓吾有所不同，溝口並沒有把他的主要
精力用於論戰，他終其一生只執著於一件事，那就是在游弋不定
的魚群中謹慎地透視不可視的內在機制——它不能夠物化為實體對
象，卻在變動不居的事物之間，通過事物與事物的相互制約、相互
補充等等關係暗示了其功能。之所以稱之為「假說」，正是因為這
種不可視的特性需要通過充滿歧義的各種事物來間接地顯示它的存

83　溝口雄三：《中國的衝擊》，三聯書店，頁216。

在，而且歷史解釋不可能有唯一的「標準答案」。溝口在各種已經被主流歷史學固定了位置的史料中沉潛，探尋史料中動著的脈搏，並且追蹤著這一脈動找到了歷史轉變期那些關鍵的環節。溝口思想史的歷史時間是有質量的、非均質的，正是在這些高濃度的歷史時間裡，溝口提煉出了「歷史的動力」，建構了「動力的歷史」。

溝口曾經說過，李卓吾走在他的時代前面。這也是溝口雄三的命運。他領先於我們這個時代一步，我們看得見卻無法趕上。也許有一天世界史翻轉現有的格局，知識人不得不重新尋找精神營養，那時我們才能理解，被溝口帶走的這種工作方式，對我們來說意味著什麼。

中國歷史的「向量」

　　在上篇探討了溝口思想史研究的基本認識論特徵之後，我希望
進一步討論他提出的那些具體的問題，並在此基礎上嘗試勾勒溝口
在形而下層面建立的那個富有想像力的結構性假說——中國長時段
歷史中左右著歷史演進軌跡的「基體」。

　　對於溝口而言，中國歷史的結構顯然是一個錯綜複雜的動態關
係之網。他透過中國思想史所提供的基本言說，試圖考察的是這些
言說背後相互糾結著的歷史要素之間的制約關係[1]；而中國傳統社會
士大夫階層與政治體制的密切關係，使得中國思想史具備了強烈的
現實政治性格。身處文化邏輯迥異的日本，溝口一直有一個揮之不

1　關於這一點，溝口曾經在〈關於歷史敘述的意圖與客觀性問題〉（載《中國的衝
　　擊》，東京大學出版會，2004年；三聯書店，2011年）中進行過正面的論述。
　　他強調，歷史不是靜態的和與主體無涉的風景，而是有著內在動力與脈絡的
　　有機生命體。他比喻說：歷史學家並不能滿足於在岸邊釣魚，而是要跳到歷
　　史這個海洋中與鮮活的魚群一起游弋，從而觀察魚群的「生態」。這個比喻逼
　　真地道出了他對於歷史結構的理解：溝口要尋找的並不是單個的魚或者魚群
　　本身，而是富有生命的魚群的「生態」。生態作為一種機制是不可視的，因為
　　它必須透過實體之間的關係來呈現。同時生態又視無法靜止的，它必須通過
　　動態的變化才能被認知。

去的基本關懷：為什麼中國在建立現代主權國家的時候最後選擇了
社會主義，而日本卻走上了資本主義道路？這其中的歷史理由究竟
是什麼？

從早年寫作《屈折與展開》時開始，溝口就表現出了思想史大
家所共有的思考特徵：他反覆討論和追究一些具體問題，細緻地把
它們從當時的某些共識中甄別出來；這些問題單獨看去似乎並無振
聾發聵之處，而且溝口基本上不以發掘珍稀史料為己任，除掉少數
文獻之外，他使用的多數是最普通的史料，甚至不憚援引例如二十
四史這樣的史學界視為「二級史料」的文獻；但是，當這些單獨看
來並無特殊之處的問題點，依託著對於史料細緻準確的鈎沉聚集為
一個相互呼應的結構之後，溝口顯示了他思考的獨創性。那些單獨
看來只是一些具體結論的問題，日後均成為這個解釋結構的「關節
點」；反過來說，只有把握住溝口的結構意識，他所試圖推進的那
些具體問題才能獲得真正的意義。即使他在晚年來不及完整地完成
這個結構就過早地離開人世，我們也仍然可以沿著這些關節點所指
示的方向思考和推進這個結構性的假說。

這個結構性假說，可以簡單地歸納為一個「天下與生民」的動
態歷史機制。中國歷史演進的脈絡中，無論是傳統的王朝與黎民百
姓，還是現代的國民國家與社會，都被這個天下—生民的結構所潛
在地制約和左右。從西歐歷史的視野出發所觀察到的中國式「近代」
的挫折，遮蔽了「天下」與「生民」這兩個無法歸納為主義的維度，
也肢解了中國在近代歷史轉型期所特有的轉化方式內涵的歷史邏
輯，因而也遮蔽了我們貼近中國歷史去解釋今日中國社會的途徑。
溝口提供了一種可能——摘掉來自西歐的有色眼鏡，排除美化或醜

124

化中國歷史的意識形態干擾，追問那個本真的問題：左右著中國歷史在重重「偶然性」中曲折前行的，究竟是什麼樣的「向量」？

一、「自然」與「作為」的契合

在創造力處於旺盛狀態的1980年代到1990年代前半期，溝口寫作了一系列與中國哲學史關鍵概念有關的論文。這部分討論在溝口生前尚未結集，原因是他認為還有一些需要做的研究沒有完成，而已經發表的論文中尚存在他不滿意之處，需要進一步打磨加工。遺憾的是，這個計畫永遠無法完成了，我們只能從現有的文字中謹慎地尋找和建構溝口思索的軌跡。這部未完成著作中的部分論文，在他去世後由岩波書店結集出版[2]。中文譯本[3]在此基礎上又進一步補充了相關內容。這本論文集在溝口思想史研究中具有特殊的位置：它提供了溝口對於中國長時段歷史構想的結構，也暗示了溝口思想史的基本輪廓。

對於中國傳統思想中的「天」、「理」、「氣」、「道」、「自然」、「心」等等一系列概念，無論中國還是日本，哲學研究界都有自己的處理方式，溝口的思考與此並不完全重合。雖然他同樣對於概念有著精細的邊界意識，但是顯然，他更關注的是這一系列哲學概念在其形成與傳承的過程中與不斷變動的歷史脈絡之間的互動糾葛。溝口決不信任概念之間在用語上的類似性，他總是在觀念與觀念史、

2　溝口雄三著，伊東貴之編輯注釋：《中國思想的精髓I》，岩波書店，2011年。

3　溝口雄三：《中國的思維世界》，三聯書店，2014年4月。

觀念與同時代史這雙重關係中考察概念的內涵。在前一重關係中，他注目於概念在傳承過程中所發生的流變，考察同一個概念在觀念史的演變中產生的新的意義，以及它與其他概念之間關係的變化；在後一重關係中，他敏感地追蹤著每一個具有生命的概念在它所由產生的時代中的定位，並在時代關係中討論概念的內涵。這兩重關係的結合，構成溝口對於哲學概念的思想史追問：為什麼在中國傳統社會中，會產生這樣的觀念系統？這樣的觀念系統與中國歷史的肌理究竟是什麼關係？

在早年溝口尚不拒絕使用「近代」視角考察中國近世歷史的時候，他注意到了一個現象：中國的「天」觀念高於王朝統治的權威性，它自古以來就構成對王朝正當性的制約，這不僅使得中國民間的輿論對於王朝興亡和天下興亡採取不同的態度，而且使得歷代皇帝即使以「天子」自稱，也無法逃避江山易主、王朝易姓的命運。天的權威性不僅在於它賦予皇帝以天子的現實權威，同時也在於它通過社會通行的天譴觀念以及天譴事應模式，對天子進行監督乃至懲罰。值得注意的是，以唐宋時期為界，中國社會的天譴觀念發生了實質性的變化，從天人相關走向了天人合一，朱子學創造了新的天人合一理念，促使這新的天人關係中的重心開始從天向人發生轉移；在這種情況下，如果中國人願意，完全可以繼續向前推進，最終走向天人分離，如同歐洲中世紀神人分離那樣，建立獨立於天的、自足的人間世俗世界。但是，中國歷史沒有進行這樣的選擇，在確立了宋代的「天理觀」、完成了把認知的重心從天轉移到人這一過程之後，中國社會通過天譴修德、天理修德的方式，重新建立了天與人合一的政治體系。其結果，在明代以後，「天」僅僅是作為人

的秩序能力的先天性而內在化於人了。但是問題的要點在於，這種以人為重點的天人合一並未導致中國人脫離天的束縛，而是相反，這種內在化於人的天具有不可替代的重要功能：它不但打破了王朝統治的自足性，使得地上的王國不能成為它自己存在的根據，同時也把歷史上天譴事應說僅僅要求皇帝履行的道德責任推及整個統治系統，擴大了對於王朝政治運作體系的整體道德壓力。天人合一，無論是利用它以強化皇帝權利的正當性，還是反過來達到監督皇權的目的，這種看似對立的立場其實都借助了同一個基本事實：中國傳統社會不承認皇權的絕對權威性，只有天或者天理，才是最高的權威；無論是通過確立天的權威性來維持統治還是反過來監督施政乃至推翻統治，這兩者遵循的是同一個邏輯。聯想到「順天者昌，逆天者亡」、「替天行道」等等中國百姓耳熟能詳的說法，我們可以理解，這個天人合一的哲學理念，絕非僅僅是士大夫關起門來自家消費的奢侈品，它是具有深厚社會基礎的思想結晶，是植根於中國歷史之中的現實政治智慧。

　　在溝口的中國思想史結構中，天理觀念和天道觀念占有重要的位置。他認為，中國人在世俗政權之外安排了從「天」到「天理」這樣一個制掣機制，體現的是中國傳統社會基本的政治理念，這就是對於政治的道德要求。政治與道德的關係是西方政治學中的一個難題，基於世俗政權與神權分離這一歷史現實，西方世界得以相對分離地對待政治與道德的糾葛，這種處理方式固然精細化了對於政治本身「必要惡」的認知，也推進了關於如何通過抑制政治中的惡而在現實操作中盡可能地「向善」這一政治學內部的倫理思考，但是不可否認，這種政治與道德的分離為強權政治提供了更大的合法空

間。而在中國，這個分離是不具有正當性的。至少在思想上，中國
社會對於政治的這種道德訴求有著極為重要的意義，它使得人們可
以對於政治直接提出道德要求，而不必要在政治內部把道德訴求轉
化為「最小限度的惡」。換言之，在認識論層面上，中國社會對於政
治的要求是向善的，它體現為對於「天下為公」的嚮往。

　　但是問題至此才剛剛開始。溝口並不滿足於僅僅為中國思想
史打造一個觀念框架，他的思想史結構是歷史性的，而不是觀念性
的。因此他繼續追問的是，「天」的載體究竟是什麼？換言之，天理
通過什麼、怎樣得到體現？

　　對於天觀本身的演變，溝口在學理上把朱熹的論述視為轉折性
的關鍵點，對此下文還將提及；而關於天理的載體，溝口則注目於
明末的時代變動所帶來的思想飛躍。他指出：「原本在宋學中，所
謂生於天理之中，意味著克服人的氣質之欲歸一於本然之性亦即天
所與的道德律，而到了明末，氣質之欲則被看作是人之本然，生於
天理之中就是遵循和諧的條理正確地發揮這種本然。」[4]

　　在早年研讀李卓吾的時期，溝口就注意到，在明末思想中，人
欲與天理的關係發生了逆轉，天理與人情結合成為「天理人情」，
意味著人欲獲得了承認。這種人欲指的固然是人「穿衣吃飯」等等
自然的欲望，但是明末思想史的論述卻並非直觀地肯定這種自然欲
望。即使在李卓吾激進的論述中，人欲也只有在去除了「人意」與
「作為」之後才能呈現為本然，呂坤則更直接地把這種本然表述為

4　溝口雄三：〈天人合一中的中國獨特性〉，《中國的思維世界》，三聯書店，頁
　　295。

「拂其人欲自然之私，而順其天理自然之公」(《呻吟語》卷5)。但是無論具體表述上有何種差異，就天理不能脫離人欲而空談這一點來說，明末已經形成了顯著的趨勢。

　　但是溝口無法認同因此就把這種對人欲的肯定視為「個性解放」的思路。他在《屈折與展開》中已經通過李卓吾對此進行了充分的討論，指出明末對於人欲的肯定並不是西方意義上的對於「個體權利」的肯定；而在他關於天理觀等哲學概念的分析中，他推進了這個討論，進一步分析了這種天人合一中「人」的意義。

　　在〈中國的自然〉一文中，溝口梳理了自然一詞從中國古代開始產生之後演變的歷史，提出了一個耐人尋味的看法：「自宋代以降，自然概念與人間的道德性(即本然之性)變得不可分割，可以說這正是當時中國的自然與日本的自然相比很顯著的特質。」中國的自然不僅存在於人類之外，它也包含了人間世界。而這種以自然為媒介的人間世界，並非僅僅止於表述人的情感和審美意識的程度；而日本的自然正是停留在這個程度：由於日本人意識中的自然是外在於人的，它充其量不過是人類移情的對象，不可能與人間世界發生融合，故無法想像這個概念可以承載人類「當為」的標準；而中國的自然，由於與天理、道等概念相結合，遂成為社會秩序的重要媒介。正是在此意義上，中文的「自然」承載了日語的自然一詞所不具備的思想能量。天理自然、自然之道等等概念顯示了這樣的特徵：「這個自然觀念，由於包含了道德這一社會性要素，導致了自然規律的社會化，亦即法則性、條理性被社會秩序這一層面重新組合，『自然』就以當為之名被人為所論證，其結果，無論是否情

願，導致了天的自然向人的自然轉換。」[5]

那麼，這一自然的道德內涵有可能帶來何種社會效果呢？溝口指出了一個饒有興味的問題：「正是由於自然這一契機的存在，就不再需要理性和契約這樣的媒介了；由此，產生了自然法意義上的調和‧自然概念。」[6]這也就是說，中國前近代社會沒有產生西方意義上的現代性要素，並不是因為它的歷史停滯，而是因為它有自己的邏輯，這個邏輯很難套用西方的現代性理論加以解釋，它的關鍵環節也是西方現代性理論無法把握的。這個關鍵環節，就是以自然為媒介而追求的「調和‧平等」。溝口借助於明末呂坤的論述指出：「人欲的自然不能被無條件地承認，是因為欲與欲之間存在『不均』，並由此產生爭端。因此，就不能不用『分』加以協調，這裡的『分』就是條理。」[7]當然，呂坤的這個「分」絕非主張平等的權利，而是以階級身分或經濟力量為前提的、各守其分的秩序觀念；明末時期對於社會欲望進行調和這一基本課題，一直到了清末民初才有可能發展為以平等為訴求的社會潮流，不過這個潮流並非突然出現，它實際上是一步步積累起來的結果。例如戴震就曾表述了與呂坤並不相同的天觀，把「分」的調和推進為「平」的調和。但是，中國前近代思想史上的種種對立、揚棄並沒有妨礙它的原理向著特定方向發展，而這個基本的方向就是，即使在局部產生了道德與政治的分離或者天人的對立，在整體上，中國的前近代思想仍然一直指

5　溝口雄三：〈中國的自然〉，《中國的思維世界》，三聯書店，頁141-142。

6　溝口雄三：〈中國的自然〉，《中國的思維世界》，三聯書店，頁159。

7　溝口雄三：〈天人合一中的中國獨特性〉，《中國的思維世界》，三聯書店，頁293。

向「公」的政治原理，它並沒有以個私作為基礎發展西方意義上的契約或者法，而是始終把「仁」和「公」作為社會秩序的基本原理。這個在不平等現實中追求調和的政治理想，是以「天」為核心的理念必然催生的結果，而特別值得注意的是，這個天觀念即使在通過理等等觀念為媒介轉換成了內在於人間世界的秩序準則之後，也仍然具有超越各種人為秩序（例如法律）的「終極權威」特徵──這就是中國社會的道德訴求高於法律秩序的內在邏輯。為此，可以說既是原因又是結果，中國社會在不同的時代以不同的方式，代代傳承了天的觀念，並且通過理、道、自然等等概念與天的結合，使天不斷地通過這些媒介內在於人的世界，形成了對於「萬物一體之仁」的追求。

溝口指出：「在宋代的中國，儘管自然領域與政治領域發生了分化，但是天卻並未從中獨立出來，不是不能獨立，而是有意識地不讓它獨立出來。這裡面存在著一個對於世界認識的選擇問題。如果按照希臘哲學的說法，這選擇意味著不同的理解方式：世界的本質是在生命、靈魂、心靈中，還是在物質、肉體中？是在物中還是在『善』中？」[8]

這種帶有烏托邦色彩的政治意識形態當然並不能直接等同於現實，但是不戴西方有色眼鏡的溝口卻在中國歷史混沌的現實中發現了一個基本的事實，這就是從早年的天譴論引發皇帝的恐懼修省到宋以後的天理修德為官僚體系施加的壓力，都使得中國的為政者對於民可能「覆舟」的危險性不得不心存畏懼，所以才有了下面這個

8　溝口雄三：〈中國的天（下）〉，《中國的思維世界》，三聯書店，頁39。

被溝口引用的說法：

「耶穌會士也認識到，中國的君臣關係不能按照歐洲的征服者
與被征服者、即主人與奴隸的關係來理解，這一點特別引起法國一
般知識階層的矚目。在中國，成為君主的第一個資格是不能有君主
對國民的優越感，只有不那樣自信滿滿，君主才能被國民賦予國家
的統治權。因此，君主常常反省是否還擁有這個資格，謹慎自己不
要有傲慢、刻薄的暴君行為。」[9]

後藤描述的十七世紀法國知識分子對於中國的這個理想化理
解，或許抓到了中國傳統社會的一個根本之點：假如我們不拘泥於
這段話的字面意義，那麼，民為水君為舟的比喻就變得非常重要
了：歷代君王向天表示自己的敬畏，而當「天」隨著歷史進程而不
斷內在化於人的世界時，它不再是不可企及的外在之物，於是，天
轉換為內在的道德壓力，而它的載體不是別的，正是被王朝統治著
的「民」。只不過，中國社會並不是通過後藤所描繪的那種西方化的
「直接民主」形態完成政治過程的，天理，作為一個重要的轉換媒
介，使得民與君、民與官的緊張關係退到了後台，而「恐懼修省」，
則成為前台上重要的政治姿態，它間接地體現著民與君的關係。

或許可以舉出很多例子論證這一王朝政治姿態的欺騙性，不過
在此我們需要進行一個謹慎的區分：恐懼修省的思想史意義並不主
要在於它本身的現實有效性，而在於它暗示了中國傳統政治結構的
基本特徵。天譴論在天譴事應說消失之後，一直存活到了清末，而

9　後藤末雄：《中國思想的法國西漸2》，第三篇，三，平凡社。轉引自溝口雄
　　三：〈中國的天（下）〉，《中國的思維世界》，三聯書店，頁35-36。

直到今天，中國民間輿論在對一些政治性事件進行判斷的時候，仍然會出現有關「天意」的說法。這種無形的輿論壓力對於中國政治的實際效果，往往勝過人為設定的制度所造成的結果，因此，恐懼修省的政治意義，就在於它是一種王朝與官僚體制在制度之外應對緊急事務的方式。這種制度之外的政治姿態，間接對應的正是民意這種非制度性因而難以掌控的潛在政治壓力，在傳統社會，這種壓力絕非是主體性的「民間社會」的直接訴求，而是一種以「天」為媒介的潛在社會共識。在危機飽和的狀態下，它有時會以「民變」、「叛亂」的突發事件的形式爆發，有時則轉化為餓孚遍野的自然災害與離亂。對於歷代統治者而言，社會的安定是王朝存在與持續的前提，各種制度安排甚至暴力的實施，都不可能迴避這個基本的前提。因此，李卓吾曾經在《道古錄》中尖銳地指出過的那個基本的政治問題就不僅僅是烏托邦的理念，而是極具現實意義的警示[10]。任何一個王朝如果敢於無視「天理」，那麼，等待著它的將是被新王朝取代的命運；而農民起義之所以打起「替天行道」的大旗，在很大程度上反映的正是中國傳統社會「天理」與「民」的關係。

以朱子學為轉折點的中國儒家思想，在經世方面翻開了以道德修養為政治原點的新篇章，而作為思想原理，朱子完成了中國思想的「天」觀念從外在絕對權威向內在法則的過渡，它不再是不可企及的彼岸世界，而是內在於此岸各個事物之中的、被分有的法則。以天觀為核心，朱子學展開了一系列的概念，形成了有著內在關聯的

10　李卓吾在《道古錄》中設想「夫天下之民，各遂其生，各獲其所願有」的理想社會狀態，完全是從王朝政治治理角度進行的論述，而不僅僅是從民的角度強調民生的需求。

概念群，可以說，中國哲學的任何一個概念都必須置於這個概念群的關係中發展、揚棄、變形，才能具有歷史意義，而在這個由一代代思想家傳承與修正的思維圖譜中，以「天」為中心的概念群形成了有機的制衡關係，制約了中國歷史上從前近代到近代的思想走向。

溝口在數篇論文中都對丸山真男的《日本政治思想史研究》提出了異議。丸山該書有關朱子學、徂徠學的部分以「自然」與「作為（即人主體性地改變現實）」作為關鍵詞，討論了二者在這個問題上的差異，並把問題進一步推進到了自然的前近代特徵與作為的近代特徵這一理論層面。丸山敏銳地抓住了朱子學把人間世界的秩序與天的自然之理結合起來的特徵，但是卻把這個特徵引向了服從超越性的絕對權威的論述；在這個方向上，中國的朱子學整體上被理解為通過強調自然與道德的連續性而主張人的秩序依附於天（即自然）的秩序。這一依靠邏輯建構的表象也就被視為典型的「前近代」停滯的歷史表象。溝口對此提出的異議是：朱子把天分為主宰之天、自然之天、理法之天三個層面，可以稱之為超越性絕對權威的僅僅限於主宰之天，而這個主宰之天的歷史功能恰恰是天譴論的功能，北宋時期已然確立的「天即理」的命題，實際上已經排除了天所具有的外在主宰性的部分，即對立於人間世界的高高在上的權威和超越的、絕對的側面。

溝口這一異議具有重要的價值。這不僅在於他以社會史的視野揭示了朱子學的能動性，賦予被簡化為僵化意識形態的朱子學以歷史的清新能量；更在於他的討論揭示了丸山這位傑出的政治思想史家為了改造日本的現代思想而建立的思維邏輯並不適用於解釋中國思想史。在丸山設定的「自然」與「作為」相互對立的框架裡，無

法容納中國思想有關自然與作為關係的特定內涵；中國儒學的核心
就在於自然與作為是高度結合而不是對立的。這種結合從北宋二程
子那裡開始就初露端倪，朱子學則巧妙地將「作為」不動聲色地融
入「自然」。這個使得自然轉化為內在於「作為」的思想理路，經歷
了歷代思想家的激烈論爭，最終形成了以和諧為目標的「萬物一體
之仁」的社會共識。然而這個萬物一體絕不是靜態被動的對於絕對
權威的服從，而是強調「人人」都可以滿足自己欲望的動態和諧狀
態；它首先意味著對於「專私」的否定。在中國思想史中，正如「人
為」一詞在漢語裡往往具有貶義一樣，不與自然結合的「作為」，在
價值上無法居於高位。這個微妙的分寸感與中國社會關於公平正義
的理念直接相關——自然作為一種和諧的平等訴求，它要求各種出
於主體意願的「作為」必須照顧到其他的「人人」亦即社會的訴求，
因此隨心所欲的個體欲望並非直接等於自然（對此溝口在關於李卓
吾的討論中有精彩的分析），而一旦自然與作為相互對立，整個中
國思想史的精華將被肢解。為此，溝口沿著另一個思路展開了不同
的歷史敘事。在他的視野裡，丸山意義上的「自然」與「作為」無法
構成中國思想史的關鍵詞，為了說明這個無法用丸山的圖式進行說
明的思想軌跡，溝口必須重新確立關鍵詞。他建立了一個新的概念
系統：天、理、天理、理氣、道、心、誠、公‧私、自然（溝口的
自然與丸山的自然具有不同的涵義）；它們的相互勾連有效地限定
了天和理的邊界，一個有聲有色的思想世界在溝口的筆下展開。不
過，這個展開有一個前提，即所有的概念都不能僅僅在概念層面上
依靠邏輯推演，它們必須經歷李卓吾式的「於倫物上識真空」的程
序，換言之，這些關鍵概念需要在具體的歷史過程中被賦予具體內

涵，它們不能夠超越時空地抽象討論。這或許是溝口對於中國哲學史研究領域的一個不經意的挑戰，因為這意味著他不可能僅僅依靠概念本身的基本涵義確定它的功能，而是要觀察概念在不同時代承載的不同歷史作用，從而，他可以在概念傳承的意義上從那些原來並不相關的概念中發掘出傳承關係，也可以把歷史沿革過程中同一個概念在不同時期的不同功能視為某種對立的狀態。可以說，溝口對於丸山的質疑，在很大程度上是一種工作方式對另一種工作方式的質疑，它向我們揭示了思想史研究思路的多元性格，揭示了沒有任何一種工作方式可以「放之四海而皆準」，從而又一次證明了建立形而下之理的迫切性。

二、內在於人生的形而下之理

在溝口有關哲學概念的論述中，最為獨特的或許是〈中國的心〉。這篇論文與他的陽明學研究直接相關，而且從開篇就引入關於「誠」的討論來看，這種謀篇布局的方式顯然是以對於中日陽明學之間差異的辨析為重點的。在他一系列關於「兩種陽明學」的討論中（參見《李卓吾・兩種陽明學》[11]），這篇〈中國的心〉都提供了思考路徑，因此，這篇論文似乎可以與他關於陽明學的研究結合起來理解。

溝口認為，「心」在中國思想史中的定位，絕不能等同於歐洲哲學史上唯心論中「精神」或者「心靈」所占的位置，即它不能僅僅被

11　溝口雄三：《李卓吾・兩種陽明學》，三聯書店，2014年。

視為獨立於物體的精神；中國哲學面對的中心課題，並非是主觀與客觀的關係，而是自我的內部如何呈現理法的問題。

溝口指出，在中國哲學史中，「心」雖然在六朝和唐代由於佛教的緣故得到了宇宙論式的發展，但是在宋代以後，朱子學統合儒釋道三家形成體系，心的這種體系性就限定在了佛教領域之內，它的泛宇宙性並沒有構成與理學相對的另一個體系，反之，它在後來的思想史中被天理和理氣的系統所吸納和改造，成為一個旁支。這樣的「心」，溝口為它規定了三個基本特徵：（一）環宇宙性的特點，（二）虛靈、活潑性，（三）帶有本體論性質。就第一個特徵而言，心的環宇宙性並不僅僅在於它不受到客觀物質世界的限制、可以浮想聯翩遨遊宇宙；而是在於它是一種與宇宙萬物交流的功能，是天地之生意的發用狀態。通過心的這種環宇宙功能，人與萬物之間才具有了建立「一體之仁」的基礎，這恐怕同時也構成了溝口研究陽明學時所強調的陽明心學與鄉村變革之間關係的理論基礎吧。就第二個特徵而言，心的虛靈與活潑是體與用的關係，溝口進一步把它轉化為心與氣的關係，並通過對宋代以後思想史中相關論述的解讀指出：虛靈與活潑這一心的特性，並非是個人的秉賦，而是只有依靠與「天地之氣」的流通才能產生，且具有氣中之理的特徵。關於第三個特徵，即心的本體論性質，指的是以某種形式呈現的與宇宙的理法合一的心，所謂本體，絕非某種固定不變的實體，它只不過是內在於各個事物的、被分有的法則而已。日本的心的概念，正是由於在上述這第三個特質上與中國的心不同，即日本的心並不關涉作為法則的事物之「條理」，本體論特徵比較淡薄，所以，它的環宇宙性與虛靈、活潑性就向著迥異於中國的方向展開。這一點，集中

地體現在日本的陽明學理解之中。

　　陽明學對日本人而言比朱子學更容易感到親近，這當然首先因為「心即理」的命題為日本知識分子提供了更切膚的想像空間。溝口認為，日本對陽明學的理解主要是把它與朱子學對立起來，強調它是「內心精神上的自立」、「打破既有規範秩序的躍動著良知」的學問；這種認識把陽明學定義為確立內心主體性的學問。如果再考慮到日本的「自然」是外在於人的，那麼可以理解，這種「內心主體性」雖然可以無限地活用心的功能，卻正如溝口指出的那樣，它最終沒有形成真實的社會運動，而是止步於個人與天在精神上的合一。在〈李卓吾——一個正統的異端〉中，溝口對於日本的陽明學有這樣的分析：日本把「心即天」的心理解為不摻雜任何意念、私欲的澄明的心，「天」換言之就是真實無妄的誠。而根據這樣一種對「心」的理解，「心即理」就是以「誠」——心的至上狀態為「理」，換言之，就是把除卻了一切邪念、造作、私欲的、無限澄明的心的狀態看做「理」即至高的狀態。在〈兩種陽明學〉中，他通過對大鹽中齋的分析指出：「中齋之所以為無善無惡說所吸引是因為他將『無』解讀為完全純粹無妄，亦即虛靈，而虛靈正是他的『心即天』的思想。」[12] 正是通過這種日本化解讀，使得陽明學在日本被抽象為一般性的內心精神的內發性、能動性、主動性等等特徵，並將這種一般特性視為陽明學的本質。於是，按照日本的理解，陽明學的功能在於個體獨自性地建立與天的合一關係，這種合一也就是「誠」的狀態。這種誠的狀態，特徵在於是個體精神趨向於天的合一，是以

12　溝口雄三：〈兩種陽明學〉，《李卓吾‧兩種陽明學》，三聯書店，頁217-218。

精神的純粹性為前提的，它不具備人與人之間橫向的融合與貫通，因此也不可能形成現實的社會運動。溝口認為這種理解扭曲了中國的陽明學，因為經過這樣的抽象之後，陽明學失掉了它的靈魂。為了強調中國與日本兩種陽明學的這一根本差別，溝口甚至斷言，日本沒有陽明學，它應該使用另一個名稱，因為世間根本就不存在兩種陽明學。

溝口認為：陽明學的真意在於呼應明代中葉的時代課題。隨著里甲制在這個時期的動搖，中國歷史上出現了劃時代的轉折，鄉紳地主階級的興起對於原有的君·官對民的統治形式提出了挑戰，專制皇權需要通過鄉村中的鄉紳階層才能進入基層社會，而以皇權和地主階級權力的矛盾為首的各種力學關係引發的矛盾也在這個時期表面化了。「心即理」的命題，正是通過主體之心來擔負起尋求應對歷史現實的現實之理的責任，在這一意義上是主動與能動的，但這種主動性與能動性是為了探索和確立具有現實功能之「理」的，絕非一般性的泛泛而論。換言之，不可以對於陽明學進行無「理」的理解。與日本的陽明學對於「誠」的強調相對，中國的陽明學更注重的則是形而下之「理」，而理所具有的現實指向性，正是所謂「儒教的大眾化」。在此意義上，陽明學在客觀上提供了進行社會運動的意識形態，而不僅僅是自我修養的精神營養。

關於陽明學何以對抗朱子學，溝口給出了社會史的解釋：朱子強調宇宙萬物都是法則性的存在，這個朱子學的核心思想在明代中葉已經是一個不言自明的前提。因此朱子學為證明法則性而花費諸多手段（居敬、窮理）的方法論，在陽明看來只不過是浪費時間；同時，朱子學的格物窮理，針對的是上層社會的君臣，試圖通過君

臣合乎條理的修養影響政治，並完成自上而下教化民眾的事業；到了陽明的時代，這種自上而下的樂觀主義已經暴露了它脫離現實的弊端，且由於體制化而成為思想的桎梏；陽明對抗的，與其說是朱子定理的內涵，毋寧說是這種貫徹理的自上而下的方式；從他起草的《南贛鄉約》與朱子的《勸諭榜》和明太祖的《六諭》在內容上高度重合這一事實看，他所追求的秩序觀念和教化內容與後者並無二致。不過陽明的「心即理」，是從大眾的角度自下而上地推進這個進程，因此「滿街皆是聖人」就把承擔新的道德意識形態的主體從上層的統治者那裡轉移至市井和鄉村中的中堅階層，即紳的階層。正是由於這一主體的轉移，也致使陽明學在內涵上相對於朱子學的「定」而顯示出多樣與流動性。儘管「心即理」（致良知、事上磨練、知行合一）、「萬物一體之仁」打開了朱子學對下層社會封閉的大門，同時也使得陽明學的「心」擔負起比朱子學的「格物」更為艱難的解決現實課題的責任，但是溝口認為，陽明學並未創造出新的秩序觀念，在意識形態上，陽明學在面對新的時代思潮時推進和轉化了朱子學提出的基本課題，即如何使天理轉變為人間政治的核心；它打破了朱子學在朱子身後所累積起來的僵化教條的體制化枷鎖，在事實上是以激烈的批判態度完成了對於朱子學精髓的傳承。

溝口有關陽明學的研究數量並不多，但是卻有著很重的含量。當朱子學被視為教條僵化的封建意識形態，陽明學被視為反抗外在權威的能動性和主體性學說時，這種對立由於依賴了靜態的視角，便微妙地偏離了思想史的軌跡。值得注意的是，當溝口把日本的陽明學引入討論視野的時候，我們獲得一個參照，得以發現中國的陽明學與日本的陽明學並不同質，卻與中國的朱子學具有不可視的同

一性。日本的陽明學由於強調的是個人朝向天的同一，不具備「滿街皆是聖人」這種橫向連接的功能，故無法成為具有社會運動形態的思想；而中國的陽明學所具有的這種橫向連帶的社會特徵，既與明代中葉的歷史要求直接相關，也與中國思想史的基本母題無法分離。

在〈兩種陽明學〉中，溝口指出：「『天即理』先天地普遍內在於每個人之中。人與人作為先天的天和理的普遍的共有者橫向地相互連為一體，因此，天人合一同時也是人人環而為一，天是每一個人橫向相連的通道，如果說這是『貫穿』的話，天橫向貫穿於每一個人，而貫穿的條理也就是理之條理。」

可以說，從「天即理」到「心即理」，中國的儒學在歷史脈絡中完成了一個有序的轉換，把外在於人間世界的終極性道德標準轉換為內在於人的現實秩序準則，把由統治階級獨攬的意識形態特權轉換為下層菁英主體性承擔的政治理念。在這樣一個轉換過程中，天人分離並未發生，也不可能發生，新的天人合一所提出的，正是一個中國式的政治治理課題：在這個競爭激烈矛盾叢生的廣袤土地上，什麼樣的治理模式才是行之有效的？歷代思想家思考的看似玄虛的命題，正是以這個極為現實的課題意識為前提的。而思想家們之間在觀念上的激烈對抗，由於同樣發生在這個天人合一、萬物一體的政治框架之內，歷史並未因為種種思想交鋒而斷裂，毋寧說它是通過各種對立衝突的思想方式傳承著自身的基本邏輯。對此，所謂近代意義上的個人價值之類的觀念很難成為基本的評價標準，則是不言而喻的。

在從天即理向心即理的這個轉換的延長線上，有一個重要的關節點，即明末李卓吾的思想。

　　溝口在李卓吾那裡發現了中國的「道」。「道」作為中國思想史
中一個重要的概念，即使在宋學以「理」取代了它之後，也仍然發
揮著它獨特的功能。溝口借助於對《朱子語類》的闡發指出：如果
把理、道、天作為一個同心圓平面地觀察，則理處於中心，道包圍
著它，天處於最外層，也最為廣大；但是如果立體地從頂部觀察，
則可以發現三者關係有如一個圓錐體，最為寬闊的底部為天，其上
為道，頂部至高無上者為理。[13]

　　正是在這個意義上，「道」與天理密切相關，具有當為、正義、
法則性的涵義。它與天具有契合的一面，即作為存在根據的道德涵
義，因此古來即有「替天行道」的說法；它也有與理契合的一面，
這就是表示事物條理的「道理」成立的基礎；但是，道有著天和理
都沒有的涵義，這就是它包含了某種人性的成分，例如心情、意願
等表達人的情感意願的成分。溝口推測，這恐怕是道這個語彙在宋
代以後出現的涵義。正是在這個意義上，「求道」是一種接近於信仰
的態度。

　　「求道」之心鼓舞著李卓吾終生進行不懈追求。而這種追求的精
神，也正是把李卓吾和吉田松陰連接起來的契機。

　　李卓吾與松陰，在畢生追求「絕假純真」的姿態上，具有著驚
人的類似性；甚至下獄的經驗和耿直的性格，也有著共通性；不
過，關於真的理解，他們卻並不相同。這一點在他們關於「童心」
的論述上就有所呈現：「松陰所說的童心的『真』，是未受到後天汙
染的先天的清純之心，更準確地說是正義之心，因此必須是惡惡善

13　溝口雄三：〈中國的道〉，《中國的思維世界》，三聯書店，頁67-68。

善之心。」[14]而李卓吾的童心雖然也是相對於假而言的真，卻是以人與生俱來的欲望為前提的，對於李卓吾而言，就連善善惡惡之心也難免被視為後天之「假」，即所謂「道統」觀念的表現。他所主張的赤裸裸的欲望，絕非「清純」可以形容，它是一種拒絕現有道統觀念的意識形態，是以這種拒絕為前提的對於「人欲」的張揚（關於李卓吾並非主張無節制的縱欲這個問題，溝口《屈折與展開》一書有細緻的甄別，本論上篇亦有涉及，在此不贅述）。如果說李卓吾與吉田松陰有什麼一致之處的話，正如溝口指出的，這種一致之處在於「松陰和李卓吾都一貫否定他們所生活的社會的既存秩序關係，在否定的堅決程度上兩者是有共通之處的。」[15]

正是對於欲望所表現的這種思想立場，使李卓吾在明末以最為激烈的方式推進了陽明學「心即理」與「無善無惡」的思想課題，把它轉化為「形而下之理」，並且通過「真空」這一理論契機使其與穿衣吃飯、與人的物質欲和占有欲發生了真實的關係。雖然在政治觀念上，李卓吾與謀求地主階層權力的東林派人士的立場並不一致，他試圖維護和強化的是自上而下的王朝統治秩序，但是在歷史脈動的大方向上，李卓吾對於既定社會秩序的否定和他不斷求道的姿態，卻具有著思想先覺者的意義。按照溝口的分析，朱子學由於把道德本性視為人的本質，在原理上實現了人與人之間的平等，但是在論述上卻把這種道德本性的實現（亦即成為聖人）限制在了統

14 溝口雄三：〈李卓吾——一個正統的異端〉，《李卓吾‧兩種陽明學》，三聯書店，頁27。

15 溝口雄三：〈李卓吾——一個正統的異端〉，《李卓吾‧兩種陽明學》，三聯書店，頁44。

治集團內部;陽明學繼承了把道德本性視為人的本質這一前提,但是卻擴展了它可以實現的範圍,把更廣泛的階層納入其中;而李卓吾則把欲望提到了人的本質的高度。他認為,生存的欲望才是人的本質。對於生存欲望的肯定,也就是對於「人人」的個別多樣性存在的肯定,因為欲望因人而異,所以李卓吾認為需要追求和確立「千變萬化活潑潑之理」;道德規範因此不能不是可以靈活運用的、具有現實性的原理。李卓吾的「童心說」和「絕假純真」,由此與陽明學的母題密不可分,這也是理解「中國原理」的重要線索。溝口花費大量篇幅論證「兩種陽明學」的區別,在社會史的視野裡提供了重新思考「人欲」的思想契機,是非常值得玩味的。值得關注的是,即使在李卓吾如此激進的童心說和無善無惡論中,也沒有發育出西方意義上的個人主義觀念來,相反,「萬物一體之仁」所體現的中國式共和思想,並沒有給個人的神聖權利預留充分的發育空間,但是也並非意味著抹煞欲望的個別多樣性。這個微妙的分寸感對於理解中國的歷史邏輯和今天的社會現實,都具有非常重要的認識論價值。

中國思想的原理,不是以個人而是以整體作為它的支點,這意味著它使得個體必須處於整體的關係之中才能獲得意義。如同下文將要談到的那樣,從李卓吾到戴震,中國思想的理路堅持了「萬物一體」這一整體性的價值,但又隨著時代的演進不斷強化整體和諧之中個體差異性欲望的正當性;問題的癥結在於,這樣一種整體與個體的關係,在思想史上是以何種機制得以結構起來的呢?

溝口生前沒有來得及正面論述中國思想史這一結構性的假設。通過對他已有著述的整體閱讀,我嘗試著進行一個大膽的推測:溝

口先生在強調了自然觀念使得中國思想史不需要理性與契約作為媒介的時候，他事實上是在探索中國思想脈絡中起到相應媒介功能的範疇。中國思想並不缺少理性，中國社會也不缺少契約行為，然而「自然」這一使天理內在於人的原理性概念，使得理性與契約並非作為原理，而是作為事實，存在於社會生活之中。但是，自然這一範疇通過什麼樣的渠道才能夠呈現呢？對此，在溝口尚未來得及進一步整理的觀念史研究部分，或許可以找到一些端倪：至少心、道這兩個關鍵的範疇，作為與天理自然直接契合的觀念，作為與人的形而下生存狀態息息相關的本體論，它們構成了使得萬物一體之仁的天理自然得以呈現的媒介。

溝口關注「心」所具有的活潑潑的虛靈特徵，關注「道」的人性意欲品格，並非意在探討個人修養的精神載體。在他基本的問題意識之中，始終貫穿著對於中國歷史中那個被分有的基本法則的關懷——個體權利的內容，在中國思想與中國的社會生活中，始終要根據整體中的關聯性來加以確認，現實中這種個體之間的關聯性，當然並非士大夫一廂情願地設想的那種以孝悌秩序為基礎的互助互讓關係，毋寧說如同中國法制史專家寺田浩明形象比喻的那樣，是在「擁擠車廂」中「推來擠去」的動態平衡[16]。

自明末清初「多數人之私」被推上前台並與皇帝的大私分庭抗禮之後，個體的權利（即使這個「個體」範疇並不包含所有人）就不可避免地成為思想史關注的問題。與歐洲近代形成的理性、個人權

---

16 參見寺田浩明：〈「擁擠列車」模型——明清時期的社會認識和秩序建構〉，《權力與冤抑 寺田浩明中國法史論集》，北京：清華大學出版社，2012年，頁409-423。

利與契約等個人與社會之間的媒介一樣，中國明清之際是通過心、道等關乎個體生存準則的媒介概念，完成天理內在於人人的形而下之理這一轉換過程的。個體在中國思想史中，既是天理自然的承擔主體，同時又不能成為獨立的社會權利構成單位，其原因之一，恐怕就在於寺田所描述的那種個體權利的內涵在「推來擠去」過程中的不確定性格。

溝口注意到了個體生存準則在近代轉換時期的微妙特徵，他把周氏兄弟作為個案，注意到了中國的「個人」在新的時代裡並不是直接作為政治、經濟的主體，而是首先作為倫理的主體、作為「人的本然」，登上了歷史舞台。正是在此意義上，晚清以來對於新文化中個體自由的討論，不是與契約，而是與「道」發生了密切的關係。

周作人在〈中國新文學的源流〉中關於載道和言志的著名說法，一度被固化為「道」與「志」的對立。溝口指出，周作人關於道與志的對立，不過是兩種理念之間的對立，換言之，是以「志」作為真的道來對抗僵化的假道而已；「在周作人這裡，聖、道、理、儒等等本來屬於同類的語彙，時而肯定時而否定地被加以混用，這一點很容易被注意到。而且周作人認為，這些歷史人物反抗的基點是『情理』，其實這也是周作人的夫子自道（就是說，他是依靠情理來批判道和理的）。」[17]無須贅言，這裡所說的情理，正是李卓吾「率性之真」延長線上的「道」。

魯迅早年針對著晚清時期「個人」概念中「己私」或「損人利己」的語感，試圖把這個概念轉換為正面用語，他的〈文化偏至論〉張

<hr/>

17　溝口雄三：〈中國的道〉，《中國的思維世界》，三聯書店，頁73。

揚了個性，甚至呼喚著「超人」，但是否應該把魯迅對個性尊嚴的論述視為「道」的對立物呢？

溝口認為魯迅的〈文化偏至論〉重點在於強調「性」，亦即魯迅所說的「個性」重點在於「性」而不在於「個」，這個解讀有些牽強。他認為魯迅在強調個人的時候，並沒有把個人從全體中分離出來，也沒有把它視為與整體相對的概念，這個判斷就這篇文章而言並不準確。〈文化偏至論〉以激進的「偏至」態度所強調的，正是「非物質、重個人」，甚至為此不惜「排眾數」。可以說這種激進的態度貫穿了魯迅一生的論戰。然而在整體方向感上，溝口對於魯迅強調個人主義的方式卻進行了準確的把握，這就是：魯迅雖然一生都在痛惜「眾數」的蒙昧並對此進行了抨擊，但是，他並未站在抨擊對象的對立面，而是肩起黑暗的閘門，在眾數之中、作為眾數中的一人與蒙昧作戰。

溝口注意到，魯迅對於個人主義的呼喚，在於對「主觀內面之精神」和「性靈之光」的強調，而這種強調與當年李卓吾對於「率性之真」的強調有異曲同工之妙：「人必發揮自性，而脫觀念世界之執持。惟此自性，即造物主。惟有此我，本屬自由；既本有矣，而更外求也，是曰矛盾。」[18]

溝口從魯迅的這個說法中讀出了他與傳統的深層關聯。他顯然認為，魯迅對於主觀內面之精神和性靈之光的追求，實質上是在追求那個不假外求的自由的「自性」，這也正是當年李卓吾在童心說等一系列主要論述中所推出的「絕假純真」的人的本然，而這人的本

18　魯迅：〈文化偏至論〉，《魯迅全集》第一卷，人民文學出版社，2005年，頁52。

然，並不是個人的主觀內面修養，它構成了「道」，構成了使天理自然內在於人生的重要媒介。在這個意義上，溝口花費很大的篇幅對於日文版〈文化偏至論〉對於我性、自性、個人特殊之性等九個與「自我」相關概念的譯法提出了質疑，並且自行一一進行了翻譯。比較一下這些譯法非常有趣，因為我們可以清楚地看到，日文版的兩個譯本，基本上把這些概念翻譯為通行的西方式概念，而溝口則把它們「中國化」了。

比如，相對於把「自性」翻譯成「個性」或者「自己的個性」，溝口將其譯為「自己的本來性、本質」；相對於把「個人特殊之性」翻譯成「個人獨特的性質」，溝口將其翻譯為「在個人身上獨特地進行發揮的人的本性」；相對於把「往來於自心之天地」翻譯為「在自己心的天地中往來」，溝口則將其譯為「使自己的心馳騁於天地」。十分明顯，溝口與日譯本對這些概念翻譯方式的最大區別在於，日譯的版本均把自我、自性和主觀視為與客觀世界對應乃至對立的存在，因此「個性」是相對獨立和自足的；而溝口則認為這些關乎個人的概念均是天理自然之道的載體，由於「人的本性」即天理自然是只能借助於每個獨特的個人進行發揮、因而是內在於個體人生的，因此，所謂主體性，正是合乎「道」的「自己的本來性」，它可以毫無罣礙地馳騁於天地，即馳騁於天理自然的精神世界。在這個意義上，溝口認為「在自己心的天地中往來」就屬於誤譯了。

最值得注意的是溝口對於第九個用語的重新翻譯。魯迅的原文是「出客觀夢幻之世界」[19]，它的上下文是強調主觀內面之精神的重

19　魯迅：〈文化偏至論〉，《魯迅全集》第一卷，人民文學出版社，頁57。

要，強調建立主觀與自覺之生活。在此，「客觀」顯然是個貶義詞。而「客觀」與「夢幻」這一對矛盾的概念連接為一個語彙，顯然不是一般性的用法；溝口認為，這個說法如果直譯，需要加很長的注解，他的注解是：客觀之「客」，與主觀之「主」的涵義相對，具有「假有、非本質、外來、一時性、應付狀況等等語感；故除了夢幻之外，還可以結句為『卑俗的客觀的習慣』之類從日語『客觀』一詞的語感出發很難想像的組合」。[20]

溝口並沒有正面討論魯迅思想本身，但是他選擇的這個點很耐人尋味。魯迅作為中國現代思想的代表人物，經歷了大量引入西方思想的晚清和向傳統正面宣戰的五四，他的整個生命過程都與中國歷史的現代轉型相契合。溝口在魯迅那裡尋找到了個性、自我作為「道」的載體的範例，而這個道在認識論意義上，正是李卓吾、戴震當年所追求的那個拒絕外來規範、遵循內心本然的信仰，而這個內在於自我的道，即使其具體涵義在各個時代有所不同，核心卻都在於「天下為公」：「如果使用一個簡化的說法，那麼可以說，中國的道的核心原理，說到底就是這個共同原理。在這裡，謀求共同，得到共同，對於它的自覺既是政治的，也是道德的。所謂更好的社會關係，說到底就是更好的共同關係，即人倫之道。」[21]

由此，溝口建構了中國思想史的基本觀念結構：心與道，由於它們所特有的情感心靈特徵，使其得以在信仰層面連接了天理之公，並不具有情感特徵的「理」，由此借助於信仰的力量，以「自

20　溝口上述對於〈文化偏至論〉的概念解釋，均見〈中國的道〉注13，《中國的思維世界》，三聯書店，頁82。

21　溝口雄三：〈中國的道〉，《中國的思維世界》，三聯書店，頁88。

然」的方式轉化為內在於人生的主觀訴求。信仰的確立和堅持，致使假道學之類「客觀的夢幻」不斷受到揭露與抨擊，而周氏兄弟所主張的「真情的流露」這一言志的文學觀，在歷史轉折關頭也自然地可以轉化為革命文學觀念。中國社會信仰的確立，與其說借助於宗教，不如說借助於「心」與「道」的自性。在民眾生活層面，它們外在化為孝悌、互助、友愛等等生活倫理秩序，在士大夫乃至近代知識分子的精神層面，心靈對於道的追求，則時而產生李卓吾或魯迅那樣的激進革命思想。他們對於個性的張揚，並沒有離開中國的精神風土，沒有指向個人與社會的對立，而是志向於人人共同的社會理念。

不過，在通過道與心這一對充盈著生命感覺的思想史概念連接了心靈與宇宙之後，即使解釋了契約何以不會構成中國歷史基體的結構環節，也仍然還存在一個問題：這些過於哲學化的範疇還需要更為社會化的解釋，它們需要另一對範疇的參與，才能構成完整的結構——「公‧私」概念在這個結構中，起到了不可取代的作用。

三、中國的公與私

「公」和「私」作為一對關乎社會結構形態的思想史範疇，在溝口的研究中具有重要的定位。如果說他關於中國哲學概念的解讀均以思辨性質為主的話，那麼他對於公私概念的比較研究則更偏重社會史的內涵。更重要的是，他對於中國思想史中關鍵哲學概念的解讀，均可以通過他對於「公」與「私」的社會史分析向具體的歷史過程開放，這就意味著，在溝口思想史的結構性論述中，重要的關鍵

概念均可以以公私這一對概念為媒介，發生立體的相互關係。

　　在與日本的公私概念相比較的前提下[22]，溝口勾勒出了從古代到近代中國歷史中曲折延展的公私概念的基本輪廓，並從這一輪廓出發分析了中國明中葉之後鄉里空間逐漸成形的內在依據。以地方士紳階層為中堅的鄉里空間，為什麼不能簡單地歸入西方近代以後逐漸成熟的「市民社會」範疇，其奧祕就在於中國傳統社會對於「公」與「私」這一對社會史範疇的理解具有其內在的複雜邏輯。而這一複雜的邏輯，導致了中國社會只能按照自己的內在機制演化出特定的社會形態。正如李卓吾無法被歸類為「個性解放」的「反封建」現代性思想家一樣，中國的「民間」也無法用西方的市民社會或「公共領域」等概念來解釋。溝口令人信服地指出，何以在中國沒有發育出以個性權利為基點的不可侵犯的私人空間，卻發育出了「人人之私」的強大訴求；何以在中國沒有形成以王朝統治者為最高權威的「公」意識，卻發育出了超越王朝的「公天下」強大理念。這些往往被含糊地以西方思想範疇一筆帶過的差異，在轉折時期中國被迫接受西方式近代機制的時候，卻發揮了巨大的潛在制約性，從而左右著在中國形成近代國家時的轉化方式與具體選擇。中國近代化了，但是它以自己的方式近代化，並因為這一方式與西方近代邏輯的齟齬而產生出很難用通行的全球化思路（亦即溝口所抨擊的把西方視為「國際」的思維）進行解釋的亂象；作為巨大的代價，這種種亂象一直被

22　溝口在1980年代曾經在《文學》雜誌上與研究日本公私觀的田原嗣郎氏同時連載各自以中國的公私觀念和日本的公私觀念為主題的論文，可以說他有關中國公私觀念的研究與日本相關研究呼應的意義上，從一開始就具有了對照的背景。

包括中國知識菁英在內的全球知識分子所詬病，或者被解釋為對於西方現代性理論具有修正功能的地域性現象；但是，在一個時代結束之後，重新發掘中國社會內在邏輯的課題被提上了日程，在這一前提下，公‧私觀念構成了進入中國歷史邏輯的重要嚮導。

在與日本歷史上發展出來的「公‧私」概念相對照的前提下，溝口揭示了中國公私概念的基本特徵。首先，與日本的公私概念不帶有價值判斷的情況相反，中國的公私概念具有正面和負面的價值判斷內涵；「公」具有「公平」、「公正」的涵義，故構成正面的價值；私這一概念在古代具有偏私、奸私之義，是與「公」相對的負面價值。直到宋代，私的概念才獲得了更為複雜的內容，同時負載了正負兩面的內涵。與此相對，日本的公私概念都帶有很明確的「領域」色彩，沒有超越性的倫理涵義[23]。其次，中國的公概念，由於特有的反偏私的倫理性格，故可以在王朝與國家之上建立以「天理」、「公理」為標誌的普遍性和原理性價值標準。而雖然日本的公概念也具有與中國同樣的「首領性」（例如公家、朝廷、官府等）和「共同體

23　關於日本的公私概念的領域性格，參見溝口〈公私〉第一節，收入《中國的公與私‧公私》，三聯書店，2014年4月，頁217-229。在這部分的論證中，溝口參考了田原嗣郎和其他日本學者的研究成果，指出日本「公」概念在古代本來指的是共同體儲存收穫物等物品的大建築物，亦即是一個空間概念；後來，由於這樣的共同體據點通常由首領掌控，故發展為以首領家為代表的共同體概念，包含了「首領性」與「共同體性」這兩種性質。經由中世幕府等級制、近世幕藩等級制、明治國家等級制的演變，前者成為「天皇」和「官府」的同義語，後者則發展為官府掌控的公共事務。與此相應，日本的「私」也是一個領域性的概念，它是指隸屬於公但卻不被公所吸納的私人領域，具有正當性；與同日語第一人稱可以寫成「私」一樣，這個僅指個人私事的領域並不介入公共事務，也不會成為西歐式的個人權利載體。

性」（例如公開、共同等社會性），甚至也具有道德色彩，但是由於不具有中國公概念的均平和反利己的倫理性，所以它並不具有原理的價值。第三，公與私的關係在中日兩個社會中是相當不同的。中國的公理，在超越王朝和國家的意義上形成了真正的原理，中國傳統社會認為王朝受制於「公平」、「公正」的倫理標準，一旦統治者被認為不符合公的倫理標準，其統治就將失掉正當性。改朝換代，在中國歷史上一向被視為正常的、不可避免的政治現象；而日本的公私關係是垂直的上下級領域關係，私的領域需要服從處於上層位置的公的領域，而且私人領域也可以擴展為小的共同體領域，它同樣服從於上層更大的領域的掌控；而且在日本，公的領域只以本國的王朝或國家為頂點，沒有超越國家的更高位領域，故在日本無法產生超越性的公理觀，天皇直接代表了「公」。所謂「萬世一系」的意識形態，就是以這種公概念為基礎的。

上述這些公私概念在中日兩國的不同涵義，還僅僅只是提供了初步的討論，這些討論建構起一個論述的前提，即關於公‧私範疇的理解在不同的歷史脈絡中是不同的，因此關注它們在不同歷史中的不同涵義應該成為研究的著眼點。而溝口真正的貢獻，在於他把中國的公私觀念置於思想史的整體脈絡加以分析，從而有效地解釋了中國社會均平思想的歷史功能，並且通過公私概念的社會史內涵，開放了中國哲學史領域中那些抽象概念的歷史含量，在此意義上，公‧私是理解中國哲學史核心概念群的中樞之軸。

溝口在他的研究中指出，中國古代對於公和私相對明確的倫理判斷，雖然張揚了天下為公的政治理念，卻在主導趨勢上強烈肯定了君臣秩序；到了宋代，以朱子學為標誌，公的內涵從君主一人

的政治道德性擴展為以士大夫階層為中心的普通人所承載的倫理規
範。與公概念在覆蓋對象與範圍上的歷史變化相對,私概念的變化
更為複雜。作為價值判斷的載體,中國社會至今仍然對於「私」存
在著某種負面的評價;但是,明末李卓吾激進地肯定百姓的穿衣吃
飯作為人倫物理,這已經明確地顯示了時代風潮在前近代時期開始
了對於「私」乃至「私欲」的肯定性評價。這種人人之私作為正面價
值,在黃宗羲、顧炎武等思想家那裡得到了確立,私終於具有了轉
變為公的可能性。但是值得注意的是,在這種情況下,正如中國具
備了天人分離的思想條件與社會土壤,卻最終重新走向了天人合一
一樣,明末清初對於個私經濟權利的肯定,最終也並非朝向以個體
為單位建立「公民社會」的方向發展,相反,從個私權利被肯定的
歷史過程開始之時,這個「私」就時刻受到「公」的拷問:它是萬民
之私亦即「人人之私」,還是少數人之私?如果是後者,即使是王朝
最高權力,也不過是應該否定的「大私」而已。換言之,人人之私
的確立,依靠的不是它自身價值的獨立,而是由於它相對於大私而
言體現了天下之公。以公來約束私的方式,不僅使得個體之私的限
度得到明確,而且更重要的是,在中國歷史上形成的這種個體之私
的「權利意識」,一直沒有作為獨立的要素發揮社會功能。無論是在
李卓吾的時代還是在其後,甚至可以說一直到了現代中國,個人權
利的觀念僅僅作為觀念得到了發育,卻缺少充分的社會現實土壤,
這絕非偶然。

　　溝口指出,公私觀在明末清初的轉折時期,雖然肯定了個人
私欲的正當性,卻並未向著個人私有權的正當性這一由洛克、盧梭
等人代表的歐洲近代思想的方向發展;相反,均田與限田的經濟

主張，一直伴隨著也因而限制著對於個人私有財產正當性的主張；就政治方面看，富民階層在整個清朝擴展了自己的經濟實力和鄉村的政治勢力，但是在政治與經濟層面，他們都沒有向著真正意義上的「自治」發展，也就是說，在直至清末為止的中國傳統社會裡，日臻成熟的「鄉治」並不是推翻中央王朝統治的地方力量，相反，它在客觀上是以「代行基層權力」[24]的方式獲得發展與壯大，直到清末，才出現了真正意義上的要求地方自治的趨勢。在從明代中葉開始直到清末的漫長歷史過程中，在中國不斷發展壯大的社會單位不是「個人」，而是「宗族」。這是一個具有相互扶助、相互保險功能的社會單位，它使得宗族內部成員可以有效面對單個家庭難以承受的風險，也可以通過族內個體的發達鞏固整個宗族的社會位置。在整個清朝，宗族通過善堂善會等舉措實現以鄉村經濟生活為目標的鄉治，它通過代行基層權力的方式不斷試圖進入王朝權力系統，並以鄉紳決定地方事務的形態建立了與王朝的共謀關係。甚至團練這種以保家護院為要務的地方武裝，也與王朝保持著曖昧的關係。可以說，直到辛亥革命時期，真正意義上的地方自治才開始出現，但是，問題並不在於何時出現自治，而在於這種歷史上的「代行」，客觀上規定了當自治形態出現之後中國的「民間」與中央政府之間並不單純的關係。如同西方那樣，把中央和地方、體制內與體制外、官與民作為對立範疇來分析中國的歷史與社會，能夠有效分析的部分相當有限。關於這個問題，本文將在第五節再行討論。

　　從津田左右吉、內藤湖南到島田虔次等下一代大家，至少兩

24　溝口雄三：〈中國的民權思想〉，《中國的公與私‧公私》，三聯書店，頁167。

代日本思想史家留下的學術遺產,已經把對於中國思想史的研究推
進到了對於天、理、道等等中國思想史關鍵概念進行結構性討論的
層面,並且,作為溝口這代思想史家的前輩,這兩代人也把對於中
國歷史的分析從停滯論推向了對停滯論的突破。但是,正如上篇援
引的島田視角所暗示的那樣,依靠西方現代性理論整理中國歷史的
內在結構,不僅難以呈現中國思想的內在機制,而且必然重新掉入
「停滯論」的怪圈。溝口這一代戰後成長的中國思想史家,在繼承了
上兩代人的寶貴學術遺產的同時,也被歷史賦予了真正突破中國歷
史停滯論這個怪圈,正面建樹中國原理的責任。

　　與島田的《中國近代思維的挫折》相比,溝口最大的不同並不
僅僅在於本論上篇討論到的他對於李卓吾的李卓吾式解讀等具體論
斷的差異,更為重要的是,溝口把對於中國原理內在機制的討論引
向了不以西方現代性理論為前提、尊重中國自身邏輯的方向。其中
最為關鍵的一步,即是他對於中國歷史中公私概念與天理自然等關
鍵概念進行的綜合討論,從而有效地扭轉了中國研究的思維定勢,
打開一個新的視野。島田曾經慨嘆中國的資本主義最終只能止步於
只顧眼前的投機性獲利行為,他確實抓到了問題的表象;然而,島
田無法分析這個表象後面的機理:這種種投機性的表象深處,是否
隱藏了某些有序的結構性機制?是否韋伯關於新教倫理與資本主義
精神的論述思路,能夠在否定了中國式資本主義的短視和投機性格
之後再來挽救和締造它?問題到了這一步,島田只能扼腕嘆息;而
這種扼腕嘆息,直至今日仍然會得到很多中國學人的同情。然而在
島田的糾結之處,溝口卻在深入挖掘後改變了論述方向,問題被調
整為:為什麼在中國難以充分發展資本主義,卻具有著天然的社會

主義傾向？當然，溝口所說的「社會主義」，並不是狹義上的公有化
政治體制，而是更為寬泛的社會組織方式與運作機制；無論中國建
立何等社會制度，甚至即使在中國走向私有化和資本主義化的情況
下，這種「社會主義傾向」仍然會構成潛在的制約關係。

　　溝口注目於中國的公・私觀念與天理自然之間的關係，尤其是
注目於這一關係在與王朝權力糾葛中的作用。他指出：中國式的天
觀，在古代就形成了「天之公」的道義性原理；天之公意味著公、
平、正，其基礎是無私不偏。與日本把王朝、國家視為公私的頂點
不同，在中國，王朝政治的外部還存在著更高層次的公私概念，它
滲透到王朝政治內部，賦予王朝與國家以正統性，卻不直接等同於
王朝、國家自身；在此情況下，才產生了王朝與皇帝被視為「大私」
的可能。但是與此同時，也正因為天理之公的權威性格，才使得歷
代王朝無不力圖模糊現實政治與天理之公的界限，以曖昧的方式把
自身權力的肆意性假稱為公，不斷標榜朝廷之公即為天下之公。這
種「不斷標榜」，作為一個持續性的過程，導致了天下之公喪失了它
監督王朝政治的實質性，空洞化為一種名目。正是因為如此，天下
之公需要回到它的原點，亦即回到從莊子時代就一再被強調的萬物
整體生存狀態，回歸天地生成的無私性，即回歸「自然」。溝口正是
在此意義上解讀了嵇康的〈釋私論〉[25]，從而揭示了「自然」在大理和
公私觀念中所承擔的原理功能與現實功能。

　　在80年代連載於《文學》的論文〈中國的自然〉中，溝口依循著
中國思想史演變的軌跡討論了自然與天、理分別結合所引發的認識

25　溝口雄三：〈中國的公與私〉，《中國的公與私・公私》，三聯書店，頁50-53。

論轉變，並在相應的社會狀況中為這種轉變定位。他指出的一個基本事實是：自然在中國古代原本是道家用語，但正如老子「道法自然」一語所顯示的那樣，在老子那裡，「自然」顯示了它在道家哲學中不能以「天、道」等觀念所取代的獨特功能，這就是指稱天地萬物自我生成與運動的自立性格，以及這種自立性格所依據的本源性與法則性。當自然一詞以這種具有普遍意義的涵義獲得了廣泛使用之後，它在漢代完成了一個雙向的運動過程：一方面，它在道家內部以無為的形態純化為「道—自然」的特定涵義，另一方面，這種涵義卻由於其具有的本源性與法則性，擴展到了道家以外的世俗社會中去，被廣泛用於人的意志所無法企及的整個領域，而這種涵義，使得自然作為一個具有超越人為性法則的語彙，在大約前漢、後漢之交的時期，開始與理和天理結合，從而產生了「天理自然」和「自然之理」的範疇。[26]

　　本篇第一節涉及到溝口的一個饒有興味的論點，即當自然成為社會和諧秩序的契機時，就不再需要契約和理性作為媒介了。這個看法需要借助於他對公私觀念與天理、自然關係的討論才能準確理解。中國的所謂「自然法」為什麼不會被契約關係所取代？這是因為，中國思想史中的「自然」概念，並非一成不變地一直是超越人為世界的外在法則，在它與天理和理發生結合之後，亦即當它承載了公正、無私、各得其所的道德性社會價值時，它成為內在於人的社會準則，成為主體性的應然狀態。在這個意義上，它已經包含了契約關係，也包含了理性。尤其是到了宋代，程朱理學在形式上使

26　溝口雄三：〈中國的自然〉，《中國的思維世界》，三聯書店，頁132-137。

「自然」完整地成為人的產物，天的自然開始向人的自然轉換。如果結合上述溝口對於王朝政治自我標榜為天理之公的分析，那麼不難理解，自然一語對於鉗制朝廷的肆意妄為具有不可取代的功能。

作為思想觀念的「自然」，當然主要並非指稱自然界。在朱子學裡它關乎人的道德本性，但它卻是內在於人的自然法則，非人力所能為；這種天的自然向人的自然的轉換過程，使得自然所具有的法則性在社會秩序的層面獲得了重新組合，天理自然由於以理作為通道，自然這一先驗的前提就不再是宿命的決定性，而是關乎正確與否的主體性作為。不過在宋代，雖然這種存在於道德中的「自然」與「作為」之間的悖論關係受到了注目，但是，「嚴格地說，宋代的人的自然並未獲得自由，以突破被視為內在於自我的『天』的束縛；對於這一束縛的自覺的鬥爭，需要等到明清時期才能夠展開。」[27]

那麼，明清時期思想史中對於「天」的束縛的自覺鬥爭，是以什麼方式展開、其主要的內容又是什麼呢？假如我們按照當年島田的思路去追尋，那麼，這種人的自然為了獲得自由，必須通過確立個人價值並進一步以個人權力為基點建立社會契約關係，並追求契約關係的公平公正，從而建立一個理性的社會。毋庸贅言，按照這條思路，島田得到了近代思維在中國明清時期遭遇「挫折」的結論。

溝口並未採用這個思路。如同他在《屈折與展開》中花費大量篇幅論證的那樣，明清時期「人的自然」，並非對抗儒家意識形態本身，也並非在張揚人的個性價值，而是意在對抗儒家意識形態在傳播過程中的「作偽」。明末思想界共享的「不容已」概念，以及李卓

27　溝口雄三：〈中國的自然〉，《中國的思維世界》，三聯書店，頁150。

吾和耿定向關於「不容已」的論戰，揭示了這種「人的自然」的基本輪廓。而從明代中葉開始的「無善無惡」論，到李卓吾的無人無己之說、童心說、「真空」論，再到清代的克己復禮觀——這一切對於儒家經典的重新解釋，為什麼會經過儒、釋、道三教合一的通道，而不能僅僅在儒家經典內部重構？

我想，祕密就在「自然之理」。

溝口在他的著述中一再強調，中國的理不具有超越性，它是具體的條理、道理；但是經由朱子學的理氣論和天理觀，理在宋明時期（在清朝即告消退）獲得了形而上的高位。這個說法需要一些斟酌，即不具有超越性與形而上性格這兩個判斷，為理做出了微妙的定位：它不具有超越性，亦即它作為道理和條理，需要即物；它獲得了形而上的地位，亦即它可以抽象為價值。換言之，理因此而成為一種觀念。但是，不具有超越性的觀念，說到底是不可能獨立存在的，「夫唱婦隨之理」（程子）和「平等自由之公理」（嚴復）都使用了理的觀念，由此可見，「所謂理，其最終不過是一種對『人』而言，被認知為本然的秩序觀念。」[28]

因此，自然之理的「理」，與天理的「理」，雖然同樣擁有「本來秩序」的觀念性格，卻正是因為這並非超越的觀念特性，使得它們各自具有不同的功能。在特定的歷史時期，即明末清初時期，它們

28　溝口雄三：〈中國的理〉，《中國的思維世界》，三聯書店，頁125。此外，溝口有關理這一範疇的非超越性與觀念性結合所產生的歷史特性的論述，可參見同書〈中國的自然〉、〈中國理氣論的形成〉，收入《中國的公與私‧公私》中的「中國的公與私」（三聯書店）、以及《屈折與展開》下論第四章關於「中國式自然法」何以不能用歐洲自然法框架加以衡量的論述。

甚至在表象上是對立的。這種對立，一度被思想史研究表述為在明末顯在化了的反抗「存天理、滅人欲」的思想潮流，準確地說，這種對立體現的是兩種天理的對立：即自上而下教條化的「天理」（即儒家倫常）與民間社會中活生生的人倫物理之間的對立；最激烈地表述了這種對立的，就是主張童心說的李卓吾。儘管李卓吾沒有把「自然之理」作為自己的關鍵詞（在需要以「真空」把自己區別於作偽的李卓吾那裡，顯然附著了太多儒學觀念的「自然」難以被他使用），但是假如把「不容已」作為思想概念加以理解，它正是針對已經形骸化了的「天理」所強調的「自然之理」，而且使它徹底到了不能加以分別的無善無跡的程度。溝口在對李卓吾的深度解讀中，提出了另一個相關的重要命題：中國思想史從主張人欲正當性的時候開始，就通過公私這一對道德性範疇，規定了人欲這一「自然之理」的性格。這就意味著，道德規範並不外在於人的欲望，而是人在與生俱來的欲望中就包含了它。正是在這個意義上，最為激進的李卓吾才說「夫以率性之真，推而擴之，與天下為公，乃謂之道。」[29]而李卓吾對於專私的嚴厲態度，則不需要舉例即可明瞭。這意味著，即使在最為激進地張揚個人欲望正當性的明末思想家那裡，對個人欲望的解放也依然是以「與天下為公」作為目標的；同時，從明末對於「作偽」的嚴厲態度來看，人為性的造作本身被視為「私」，這種態度以「自然」作為道德基準，揭示從個人作偽到王朝與官僚自我粉飾等各個層面上的「私」，從而試圖確立包含了「個人欲望」在內的天理自然之公。這就意味著，公·私的分類並不與社會·個人對

29　李卓吾：《焚書卷一·答耿中丞》，中華書局，頁16。

等，它打開了個人生活，讓「公」直接介入個體的私人生活空間。
公‧私在歷史沿革中消解了如同日本那樣的空間概念，它不具備可
以明確區別和固化的空間意識，而這並不意味著在中國文化裡個
人沒有自我空間，只是意味著個人的自我空間隨時可以轉換為社會
空間；而近代西方所謂個人權利神聖不可侵犯這種領域性的思維方
式，在中國社會也缺少歷史正當性。中國的公私觀念的這種特徵並
非起始於明末，正如溝口分析的那樣，從嵇康到程伊川，都把父子
兄弟之情的處理方式而不是這種情感的私人性質作為區別公私的媒
介，同是父子兄弟之情，由於感覺與表達方式不同，可以是「公」，
也可以是「私」。特別是在程伊川那裡，父子、兄弟之情在它是自然
流露的意義上是公，而「人才有意於為公，便是私心」（《河南程氏
遺書》卷十八）；這顯示了在宋代，思想史上原本以政治‧社會‧道
德為一方、以自然為另一方的對抗關係，被揚棄而成為天理自然之
公[30]。與丸山真男認為人從自然中獨立出來，把「作為」視為近代標
誌的思路相反，中國至少在十六世紀以後所確立的，卻是更自覺地
以「自然」這一道德價值涵蓋「作為」這一人為活動的思想體系。溝
口認為，最明確地體現了這一思想立場的，是明末的呂坤《呻吟語》
中的一段話：「拂其人欲自然之私，而順其天理自然之公。」這句話
在把人欲與自然結合的意義上是一個值得關注的創舉，然而更具有
意味的是，人欲與自然的結合並未導致人欲自然的絕對正當性，它
仍然需要把這種獲得了正當性的欲望導向天理自然。其結果，產生

30　溝口雄三：〈中國的「公‧私」〉，《中國的公與私‧公私》，三聯書店，頁53-55。

了存人欲的天理。[31]

　　經由自然這一媒介，個人欲望在開始獲得正當性的時候，就以公、以天理為其目標，這正是中國公私觀念的基本特徵。溝口花了大量的精力仔細討論了明清之際所發生的這個存人欲的天理與朱子學中作為道德自我完成的滅人欲的天理之間的承續和揚棄的複雜關係，把問題導向了中國社會在明清之際開始形成「鄉里空間」的特定歷史內涵。正如現代性理論在西方伴隨著市民社會形成這一歷史過程一樣，存人欲的天理，也以其「自然之理」的形態對應了鄉里空間的形成過程。但是，這個過程卻並沒有如同西歐社會那樣指向個人價值的確立和以理性的個人為基點形成契約關係，而是以自然之理為媒介，在張揚個人欲望的同時限制它的膨脹，從而建立了獨特的中國式公私關係。

　　溝口非常重視黃宗羲和顧炎武等思想家對於公私關係的論述。他抓住了一個重要的問題：當以宗族為單位的鄉里空間發展與擴大之際，社會矛盾並沒有呈現為「公與私」的對立，而是呈現為「少數人之私」與「多數人之私」的對立。在明末清初、清中葉的思想家那裡，「私」是否作為負面價值是與它的涵蓋面乃至涵蓋的對象直接相關的。例如黃宗羲的《明夷待訪錄》把皇帝、朝廷的「大私」作為應該否定的負面價值，而把萬民之私的總合視為「公」。所以，中國的公‧私對立，實際上是不同涵義的「私」之間的對立。正因為如此，公作為正面價值，保障了個人欲望的正當性，也同時限制它向妨礙其他個體欲望的專制方向發展，於是，私的這種雙重性格，規定了

31　溝口雄三：〈中國的自然〉，《中國的思維世界》，三聯書店，頁154-155。

它的流動狀態，使它不可能確定不變地構成單一價值；同時，私獲
得正當性，依靠的不是它自身，而是自古以來被中國社會所傳承的
「公」的倫理；而公的倫理，也因為與「自然之理」這一宋以後逐漸
滲入人間社會的具體的「理」相結合，構成了對於假公濟私的各種
以「公」為名的「作偽」（就中，以朝廷的大私為最）的拒絕，同時也
構成了一個雙重的反向運動──一方面，公的倫理保障「萬民之私」
盡可能避免受到強權與官吏的壓抑，另一方面，公的倫理也時刻警
惕民之私過於膨脹之後所造成的豪強勢力。如此，在清初均田論與
限田論同時出現，就絕非偶然了[32]。雖然這兩種思想在清代中葉均
被強調富民土地所有的思潮所否定，但是縮小貧富差別的問題始終
伴隨著地主土地所有制的發展。均的思想在明清時期基本限於富民
階層內部；它發展為涵蓋所有民眾、形成以三民主義為代表的民生
思想乃至中國式無政府主義的思潮，則要等待清末之後；但是，就
基本的思想脈絡看，可以說這種公的倫理依然是一脈相承的，它的
基本特徵在於「一己之利」的正當性越來越得到強調，最終發展為

32　溝口對黃宗羲的均田論和王夫之的限田論之間的差異進行了甄別。他指出，
　　黃的均田論重點在於建立以鄉村地主為主導的田土制度，其設想是把包括皇
　　土在內的土地按照每戶五十畝的額度分配給每戶之後，對剩餘的部分僅在富
　　戶中進行第二次平均分配，這是保護富裕地主利益的制度設計；王夫之等人
　　的限田論雖然也站在維護地主利益的立場，但重點在於防止貧富兩極分化，
　　主張設定自耕土地的上限，並以課稅的額度調節土地集中的程度。到清朝中
　　葉地主的土地所有關係穩定之後，均田論和限田論都被激進的反對派否定，
　　王朝權利也與大地主階層一起反對均田和限田，富民占有的田制論占上風。
　　清朝後期，取代均田論和限田論，出現了以地主土地所有制為前提的縮小
　　貧富差別的論述。參見溝口雄三：〈中國的民權思想〉，《中國的公與私‧公
　　私》，三聯書店，頁180-183。

社會各個階層人們的權利訴求；但同時「一己之私」卻一以貫之地
缺少正當性，直到今日，它仍然是一種道德上的負面價值。

　　由此，我們看到了一個與西歐近代社會在指向性上並不相同
的中國「前近代思想結構」：它以在狀況中不斷流動甚至有時互換
的「公‧私」這一對價值範疇作為核心，把天理、自然、道、人性
（氣）組織成一個互相制掣和互相解釋的有機結構，從而形成了中國
傳統社會向近代轉換時日臻成熟的思想機制。借用溝口評價陳龍正
具有強烈道德主義色彩的社會觀時的表述，可以說這是「一種因農
業國特有的生產力低下和緩慢使得人們不得不在有限的生產總量之
中考慮全體國民生存的相互性和諧而產生出的共同體式的創想。作
為這種社會觀的理念的大同思想擁有一種『無』或『非』資本主義式
的觀念傾向……」。[33]

　　在這樣的社會組織結構中，「契約」，特別是產生於歐洲社會
的契約理念，不可能成為社會構成和政治運作的原理，是自不待言
的。這不僅由於中國社會缺少把個人作為基本社會單位的歷史邏輯
和社會土壤，而且更由於，與西方社會在近代過程中產生的「對等
者之間通過合議建立契約關係」這一社會構成原理不同，中國社會
在前近代雖然廣泛存在著「約」的形態，其作為「契約」的功能卻僅
僅侷限於具體操作（特別是社會經濟生活）層面，從未被提升為政治
體的組織原理；不僅如此，中國從官方到民間的「約」並不是可以
脫離具體狀況提煉為抽象原理的體系性規範，它涵蓋了過於龐雜的

33　溝口雄三：〈所謂東林派人士的思想〉，《中國的歷史脈動》，三聯書店，2014
　　年，頁152。

內容，從強制性的體制約束到權威性的民間道德規範，從民間結社
的紐帶到經濟生活中操作性的合約，具有著高度的流動性和具體的
狀況性；而作為「約」的舞台，鄉村社會在明清時期提供了在「法」
和「契約」兩端之間最為豐富的場域，它不僅使得「約」難以回收到
「契約」關係中去，而且使得法與契約在現實中不能如同在邏輯理路
中那樣單純地對立為兩極。關於明清社會「約」的研究，日本傑出
的中國經濟法學家和法制史專家們已經提供了富有啟發性的研究成
果，這使我受益匪淺[34]；在此基礎上，沿著溝口的思路，我們可以
繼續推進一個具有挑戰性的思考：在中國向近代社會轉換的時期，
沒有產生諸如盧梭所代表的那種契約社會的理念，並非由於這個社
會不具有契約關係，而是由於它有著高於契約關係因此也涵蓋了契
約關係的另一種原理。天理、自然與公、私的這種結合，構成了
中國思想世界特有的「天人合一」形態，對於和諧的大同世界的追
求，轉化為現實社會生活中具體的道德壓力與重新安排政治秩序的

34　我個人在這方面的初步知識受惠於寺田浩明、滋賀秀三、岸本美緒的研究，
就中尤以滋賀、寺田、岸本、夫馬進合著《明清時期的民事審判與民間契約》
（法律出版社，1998年）、寺田浩明著《權力與冤抑　寺田浩明中國法史論集》
（北京：清華大學出版社，2012年）、滋賀秀三著《中國家族法原理》（商務印
書館，2013年）給我的啟發最大。寺田關於「擁擠列車」模型的思路，在思想
史問題上也很具啟發性。滋賀是老一輩中國法制史專家，他在探討中國家族
制度的基礎上進一步研究了明清時代訴訟的基本結構，認為中國的訴訟是行
政的一個環節，而不是歐洲那種競技型的結構，這個看法與溝口的研究有間
接的呼應關係；夫馬進關於清代善堂與善會的研究給了溝口很大的啟發，對
他後來討論鄉里空間提供了有效的素材。寺田與岸本都曾參與溝口組織的《在
亞洲思考》系列討論，尤其是寺田的「擁擠列車」的思路，最初是作為溝口報
告的評議文章問世的。

能量，這正是傳統社會中各種「革命」的根基，也是這個在動盪之中不斷改朝換代卻並未因此而真正分裂的政治體的內在生命力。

這種內在的生命力，被溝口稱為中國歷史的「基體」。

四、被分有的法則：中國歷史的基體

通史寫作在溝口著述中占有一定的位置，這與他的長時段歷史眼光有直接的關係。他不僅多次參與合作研究並在其中承擔以明清時期為主的寫作，而且即使在他某些單篇論文中，都貫穿了史的眼光，藉以討論中國思想觀念曲折的演變軌跡。

溝口經常強調「長時段歷史」的觀念，這並非僅僅意味著他放長了歷史時間的跨度。之所以需要長時段來分析歷史，是因為只有這樣才能在歷史曲折迂迴的走向中發現那個最基本的「向量」，這也是溝口經常說的「歷史的動力」或者「基體」。簡單地疊加歷史事件、在形式上拉長時間跨度，都不能構成長時段歷史分析，只有通過不同時代的表象挖掘那個最基本的、因而是連續性的歷史走向，長時間的歷史跨度才具有分析的功能。

溝口堅信中國歷史有它發展的基體，這個基體論在日本受到詬病，或許與日本思想中缺少對本體論的認識有關。借用溝口對於本體論的定義來理解，這個問題再明顯不過：「所謂本體，只不過是內在於各個事物的、被分有的法則而已。而說日本本體論的認識是『淡薄』的，也就是在說日本缺少這種理法的世界觀。」[35]同時，溝

---

35 溝口雄三：〈中國的心〉，《中國的思維世界》，三聯書店，頁184。

口還強調：這種被分有的法則是以體用相即的方式呈現的，亦即它不可能被抽象為一個獨立的原則，而只能以具體事象的形態呈現，所謂「分有」，說的正是這種具體事象千差萬別中的聯繫；換言之，中國思想提供的理法的世界觀，也就是中國歷史的「基體」，正是在中國歷史沿革過程中不斷被「分有」的內在法則，這個法則絕非靜態的實體，而是在一次次思想交鋒中被轉換形態加以傳承的社會共識。恰恰是這個「被分有的法則」，構成了歷史的向量。

《儒教史》和《中國的思想》[36] 構成了溝口通史寫作中的主要部分，此外還有他在晚年執筆的《中國思想史》中的後兩章，堪稱他通史寫作的代表之作。這些作品有一個共同的特徵，就是對思想史的解釋貫徹了動態的視角，並且力求在歷史脈絡中追問思想與社會現實的關係。因此，溝口在《中國思想史》後記中甚至直接稱自己的研究為「社會史研究」。溝口的大部分通史式討論都是以明清時期為主的，但是他的視野卻從孔孟的時代一直延續到民國時期乃至中國當代。在這樣一個長時段的歷史視野中，溝口並沒有使用平鋪直敘的慣常通史寫作方式，他的歷史眼光始終追隨著歷史的「動力」。換言之，他只是追蹤那些在歷史延展和變動過程中處於「關節點」上的事件和思想，並且通過這些關節點，探討潛藏在其中的那些催生了事件與思想的向量[37]。溝口認為，在漫長的中國歷史中，

---

36 《儒教史》，山川出版社，1987年，由戶川芳郎、蜂屋邦夫、溝口雄三合著，其中5至12章為溝口執筆；溝口執筆部分與溝口著《中國的思想》（日本放送出版協會，1991年）共同收入三聯書店《中國思想史　宋代至近代》，2014年。

37 「向量」的德文為Vektor，原為物理學名詞，指具有大小和方向的量；在此轉義為左右事物發展方向和態勢的力量。

確實存在著這種向量，它具有一定的方向性，且曲折地規定著歷史的軌跡；但是這規定並非直觀意義上的靜態封閉的制約，而是體現為不斷變動和糾結的各種表象之間所形成的「合力」。正是在這個意義上，溝口為我們提供了思想史研究的一個極具魅力的範例，儘管他對於自己的這種研究方式進行的抽象解說——例如「基體論」或者「動力論」——並不能有效傳達他具體研究的魅力所在，但是如果有能力不糾纏於表面上的語詞表述，而是深入到他的具體研究中去，那麼，一個有聲有色的動態思想世界就會展現在我們的面前。

在溝口的中國思想史研究中構成核心命題的，可以說是他特有的關於朱子學和陽明學承續關係的討論。在這個承續關係向前和向後的追溯與延長線上，溝口討論了唐代以後的歷史變遷過程中天理觀念的變化、周敦頤、二程子的貢獻；討論了明末清初時期圍繞著儒教向民間滲透過程產生的一系列思想命題，以及這些命題之間的緊張關係。在如此紛亂雜陳的思想網絡中，溝口關注的並不僅僅是這些思想觀點之間的對立所具有的意義，他更關注這些觀點的對立糾葛所透射出的那個歷史的向量；正是這個向量，對於各種思想觀念形成了歷史的選擇，使得諸如李卓吾那樣的生前死後都不被理解甚至遭到詈罵的思想家得以跨越時空活在歷史裡，也使得王安石那樣犀利果敢的改革家不得不屈居歷史的邊緣。也正是這個向量，提供了必要的現實根據，以解釋各種思想流派在歷史潮流中沉浮起落的邏輯；提供了必要的想像力，以通過某些思想觀念的消失而觀察它們如何因在現實中已然形成共識而不再需要強調。

朱子學在中國哲學史上已成為一個定點，這也使得人們有意無意地把北宋的哲學思想作為朱子學的前史加以定位，從而多是從

169

南宋的朱子學出發反過來回顧北宋的思想。這意味著朱子學潛在地
成為某種後設性的制約標準，例如周敦頤、二程子的思想多被與朱
子學聯繫起來作為「前史」而認知，而與朱子學缺少直接關聯的思
想人物，例如王安石，則被與朱子學割裂開來討論。但是在溝口這
裡，儘管朱子學完成了思想上的集大成，使得儒釋道三家的思想核
心得以形成相互關聯的格局，但是在歷史的脈絡裡，朱子學並不能
後設地制約前面的思想史。因此，溝口強調北宋時期獨立的思想價
值，反對把它僅僅視為「前史」，亦即反對因為強調朱子學的邏輯而
忽略北宋時期內在的思想理路。

　　《儒教史》一反道學通史的寫作方式，不是從周敦頤，而是從王
安石開始。溝口指出：由於道學通史的一貫思路，推崇《周禮》的
王安石因與重視《春秋》和《四書》的朱子不相一致，故被道學通史
的後設思路所冷落；但是王安石在北宋時期致力於借助《周禮》確
立中央集權的官僚體制，這一歷史貢獻卻是不應該被低估的。事實
上，正是王安石所推進的官僚體制的確立與科舉經義的統一，為後
來的朱子學成為士大夫之學創造了可行性。正是王安石而不是與他
對立並在日後被朱子所推崇的二程子，鍛造了士大夫階層這個體制
性的「容器」，為其後容納與他的學說針鋒相對的朱子學準備了必要
的硬件條件，而他自己的新學也因此不得不退到了歷史的邊緣。

　　溝口對於王安石的討論突破了僅僅從哲學角度思考儒學史的學
術習慣。他本人雖然沒有展開有關制度史的研究，也沒有充分進行
社會史的分析，但是顯然，他是自覺地把中國思想史的邏輯置於這
樣的視野中進行考察的。而他對於王安石「鍛造容器且在日後容納
與自己對立的體制之學」這一極為敏銳的洞察，則暗示了中國歷史

的向量所具有的複雜性格：中央集權的官僚體制並沒有把王安石的新法之學作為自己的意識形態，而是在後來逐漸地使朱子學發展為體制之學，這意味著中央集權的體制在形成的時期就將體制與民間錯綜地勾連在一起；當日後陽明學進一步發展了朱子學道德主義的治世學說之後，儒教向民間的滲透使得鄉村社會開始形成新的共同體秩序；但是，這種鄉里空間的確立並沒有改變中央集權的形態，相反，在種種緊張的力學關係中，中國的傳統社會維持了「集權」與「分權」（用這兩個概念表述中國的王朝與鄉村的關係並不準確，對此下文還會進行分析；在此姑且暫時借用它們最一般的意義）同時並存且互相纏繞的特殊政治形態。正是在此意義上，溝口從王安石而不是周敦頤開始敘述北宋以來的儒學史，不能不說是獨具慧眼的。中國近世所呈現的歷史邏輯，正如溝口在〈中國的天〉中所指出的那樣，在具備了天人分離條件的時候再度完成了新的天人合一，而這個把重心從天轉移到人的新的思想過程，卻一直保留著天的權威性。與這個思想過程同步的，是中央集權的官僚體制不斷強化、而地方菁英主體性介入地方政治的能力也不斷增強的歷史過程；王朝·官僚系統與鄉治系統的關係交錯雜糅，邊界並不確定，這個複雜的緊張互動關係正是解讀中國儒學史的關鍵所在。雖然哲學概念並不直接與現實對應，但是毫無疑問，概念決不能離開它所賴以生存的社會歷史脈絡而天馬行空。正是在這個意義上，溝口對於中國思想史結構進行了細緻的歷史梳理，從而對於很多已經形成了共識的哲學史和思想史結論提出了質疑。

　　例如，中國哲學史一向把陸象山與王陽明相提並論，稱為「陸王心學」，因為二者都提出了「心即理」的命題；而王陽明對於朱子

學的挑戰眾所周知，因此陽明學被視為對立於朱子學的學問。但是溝口指出：不能僅僅依靠概念表面上的類似性進行歸類，也不能僅僅看到表面上的對立就割斷其內在連接的脈絡，而是要細緻地甄別這些概念各自所處的語境和它們各自針對的問題，在進行這樣的考察之後，溝口得出了與通行說法相反的結論：陸象山的「心即理」強調的是作為終極意義上的理所具有的唯一性，類似於華嚴的「萬理歸一理」；而王陽明的「心即理」強調的是個別多樣的理，它存在於個別事物之中，因此是對於作為「一」的定理的批判。在這個意義上，毋寧說陽明的理與象山的理是對立的；雖然陸王心學都強調心是理的載體，都否定格物窮理，但是這種表面上的類似性並不能掩蓋它們在實質上的對立。而表面上批判了朱子學的陽明學，在促使儒教向民間滲透這一道德本位的治世原點上，卻比其他學說更為有效地繼承和擴展了朱子學的核心理念。溝口指出：「對王陽明來講，宇宙萬物為法則性的存在這一朱子思想的核心，已經是一個不言自明的前提。因此朱子學為證明其法則性存在而花費諸多手段（居敬、窮理）的方法論是浪費時間。他所面臨的課題不是證明已經自明的理的存在，而是讓人人能自覺其理、實得其理，向更廣泛的層面滲透，以鄉約以及其他方式作為媒介，使之在鄉村社會中發揮實際的作用。這個努力作為課題，是朱子所致力的事業——理的世界的確立——的正統的繼承發展。」[38]

朱子學成為「體制之學」這件事情本身，在溝口的歷史視野中也是需要重新討論的複雜動態過程。他多次指出，在朱子生前，他

38　溝口雄三：〈中國的心〉，《中國的思維世界》，三聯書店，頁192。

的學問並沒有獲得真正的官方地位，在他晚年，朱子學甚至遭到官方的壓制；而在他身後，即使到元代恢復科舉時把朱子學納入考試科目，也並不意味著朱子學真正成為官方意識形態，在這個時期朱子學依然主要是民間的學問。朱子學成為僵化教條的「道學」且受到強烈抵制，是在明代以後，而即使是「道學」這個說法，在朱子的時代也並非僵化保守的代名詞，而是激進剛直的經世態度。因此，把朱子的著述置於他所在的時代進行解讀，不用後設的標準去衡量朱子的思想，可以看到一個不同於已有「道學先生」的朱子，他作為一個集大成的思想家，在中國思想史上所具有的創造性貢獻，恰恰是通過後世的批判才得以傳承。而這個貢獻，首先在於朱子學所創立的天觀為天賦予了三重性格（蒼蒼之天、主宰之天、理之天；《朱子語類》卷一），使得自古以來外在於人間世界的主宰之天獲得了轉化為內在於人的主體能動性的可能；這個可能性經由陽明學和明末思想家的批判性繼承，真正具備了現實的形態，這就是由鄉村富民階層所主導的鄉治秩序。而正是從這一視角出發，溝口斷言，王陽明雖然批判了朱子學的理觀中教條化了的部分，卻沒有建構出新的理觀；陽明學沒有具體創造出新的意識形態，而是擴展了朱子學的秩序意識形態。這一點，只要比較一下《南贛鄉約》與《六諭》以及《勸諭榜》，其間的相似性便可一目了然。而這個秩序觀念，最後發展到清末，終於形成了現代中國特有的「天下大同」的理念。

　　陽明學在明末清初不再是思想界的熱點，心即理、致良知作為話題只是偶然被提及。但是這個「陽明學的退潮」對於溝口而言，卻成為一個「事件」，他以自己一貫的思想史思路得出了一個饒有興味的看法：明末以東林派為首展開的對於陽明學左派無善無惡論者

的激烈批判，表面上看確實在學派史意義上對陽明學起到了顛覆作用，但是從歷史走向來看，恰恰是東林派有效地推進了陽明學儒教大眾化的路線，而進入清代，儒教向民眾日常生活滲透，並轉化為「禮教」，變為日常性的禮儀。可以說，陽明學基本命題在思想界不再持續成為主導性論述，是因為它基本上完成了自己的歷史任務，正如朱子學的格物窮理在明代中葉失去了必要性一樣，陽明學也同樣在進入了禮教滲透到民眾生活的清代之後，它的「心即理」等命題已經不再需要強調。但是，無論是朱子學還是陽明學，它的經世目標和政治理念卻並未失傳，經由一代代思想者的實踐，它以多姿多彩的方式幻化為每個時代的不同訴求，但是其核心內容，即認為政治應該以道德原理為本、認為道德上的「善」作為人的本質可以被所有人追求和實現，這些理念至今仍然存活在中國的社會生活中。

早在寫作《屈折與展開》的時期，溝口就清晰地展示了他不拘泥於觀念表層涵義的思想穿透力。在這部力作的下論中，他花費一章的篇幅討論「克己復禮」在清代開啟的新方向，特別注目於歷經王龍溪、李卓吾、顏元的「克己復禮」之後，在戴震那裡所完成的「己」與「私」的分離在思想史上的意義。

關於思想史上產生於不同時代的「克己復禮」解，溝口追蹤的思路在於這個《論語》中的儒家古典命題，在不同時代裡激發出了什麼樣的思想課題，並且這些課題意識與同時代的現實之間存在著什麼樣的關係，它們又是以怎樣的方式被傳承的。

朱子訓「克己」為「克，勝也，己，謂身之私欲也。」他同時把「仁」訓為「本心之全德」，把「禮」訓為「天理之節文」，並闡發道：「為仁者，所以全其心之德也。蓋心之全德，莫非天理，而亦不能

不壞於人欲。……日日克之，不以為難，則私欲淨盡，天理流行，而仁不可勝用矣。」[39]

溝口認為，朱子如此解釋「克己復禮為仁」，回應的是他所面對的時代課題。宋代尚未形成如同明代後期那樣的鄉村地主土地所有權初具規模的格局，而是確立了君—官—民這樣的一元統治秩序。朱子對於宋代自上而下的這種官僚體制抱有信心，這使他的思想論述集中在一元論的格局中，他的「天理」不是多，而是一，這是與明末思想課題完全不同的課題意識。對於朱子而言，宋代的癥結問題在於如何使以君主為頂點的士大夫階層作為這個一元論格局的支撐力量得以「克己復禮」，他認為只有使士大夫每個人都處於「日日克之」從而達到「私欲淨盡」的狀態，才能產生「天下之人皆與其仁」的局面，創造出和諧社會；朱子強調克己復禮是一個在個體內部道德自我完成的過程，並不僅僅是在強調士大夫的個人修養，而是在修身與治國、平天下的關係中強調士大夫階層必須克盡己私以強化這個以一元化天理為目標的政治治理格局。朱子否定了己私的多樣性，期待著位居社會上層的「有德者」通過道德自我完成而感化民眾歸仁，亦即整個社會統一於天理之仁。朱子並且慨嘆這種嚴格的日日克己一旦實施，則其效之甚速而至大也，溝口認為，朱子在此表現出他對於作為「一」的普遍性天理所具有的樂觀態度。[40]

但是到了明代後期，由於里甲制走向解體，意味著這種一元化格局不能再獨霸天下；地主階層與土地的關係發生了變化，暗示著

39　朱熹：《四書章句集注》，中華書局，頁131-132。

40　溝口雄三：《屈折與展開》，東京大學出版會，頁318-319。

政治與道德秩序的重新安排。但是如前幾節所述,這種「重新安排」並不意味著市民社會的形成。從朱子到陽明、龍溪,到李卓吾、黃宗羲、顧炎武,再到戴震,中國思想史完成的是從「滅人欲的天理」向「存人欲的天理」的轉化,它最重要的標誌就是「克己復禮」解的新內涵,這個新內涵確立了個體欲望的合理性,但其指向的目標,並非是個體的獨立價值,而是萬物一體之仁。

溝口梳理了明代後期陽明門下的鄒守益、王龍溪關於克己復禮的新解釋,指出他們對於朱子「克己」解的批判,癥結在於朱子學的一元化理觀不再適應明代後期的時代特徵。在里甲制解體、富民開始掌握鄉村經濟權利的時期,天理不再是自上而下的普遍性道德自我完成,而開始轉變為解決鄉村經濟的貧富矛盾,以安百姓、建立新的經濟秩序為目標的內涵。由此,產生了鄒守益的「修己」說,王龍溪的「忘己」說,李卓吾的「無人無己」說,其共同特徵都在於反對日益僵化為意識形態的朱子學的專制性格,建立以「當下」為特徵的具體多樣的活潑潑的理。在宋代具有革命意義的朱子「克己」解在明代後期遭遇挑戰,使得在自我內部「日日克之」這件事情不僅失去了意義,而且變得虛偽。以克己為起點的治國平天下鏈條,在這個時期被打破了。修身並不必然地導致「天下歸仁」,萬物各得其所與萬物一體之仁之間如何建立平衡關係構成尖銳的時代課題。「不容已」的時代性格,正在於它對立於外在規範卻仍然追求「公」的天理,那麼,這種肯定了人欲的天理,在思想史上將如何延續克己復禮的命題呢?

溝口把朱子的克己解與明代後期的克己解作為克己復禮解的兩個重要的發展環節加以定位,並在此脈絡上進一步確認了清代中葉

戴震的克己復禮解所具有的思想史意義。溝口指出：戴震考證學的方法論，否定了宋學持敬靜坐的方法論，他的訓詁基於「日用飲食」這一事實性的條理。[41] 這讓我們聯想起明末李卓吾「穿衣吃飯，皆是人倫物理」的命題；經過清代前期顏元、李塨的克己解中把己與私欲分離的環節，被否定的不是「己」，而是作為外物侵害「己」的「私欲」。己與私欲的分離，使得這個「己」得以作為「為仁由己」的主體承擔者，也獲得了從「克」的對象位置被解救出來的理由。只不過這個理由並不是形而上的，它存在於里甲制解體之後的社會狀況之中。而在戴震那裡，私欲又進一步被區分為「私」和「欲」，被否定的是「私」，亦即過不及之欲，而作為血氣之自然的欲則從克的對象中被排除出去。儘管在不同人的論述中所使用的表述方式和概念不同，但是在整體方向上，可以說到了戴震的時代，宋學中一己之內的道德自我完成已經失掉了時代意義，取而代之的，則是混沌狀況中對於「存人欲的天理」的摸索。對於私的否定和對於欲望的肯定，使得戴震把清代的克己解推到了顏元等人未能到達的巔峰。

溝口在對戴震的分析中提示了一個微妙的分寸感。戴震確實在他的考證學中肯定了人欲，並且由此而體現了鄉村地主土地所有制形成時期富民階層的意識形態；但是，戴震所追求的是新的理觀，是在顏元、李塨那裡尚未形成的客觀規範性；為了這一目標，戴震的克己復禮解的重點並非集中於肯定人欲，而是在肯定人欲的同時否定過度膨脹的欲即「私」。正是為了這個互為表裡的課題意識，戴震的克己解甚至不解「克」字，只把重點置於「己」與「天下」的關

41　溝口雄三：《屈折與展開》，東京大學出版會，頁312。

係上。這個在訓詁學上的破綻，被溝口轉化為戴震理觀的新貢獻：
「所謂氣血心知的自然，所謂氣稟氣質，所謂人，全都被視為先驗
地合乎法則；正是在這樣一種徹底的性善說中確立的所謂己欲，必
然地從根本上把與他欲的相互關聯性內在於自身。個體的生存，因
而先驗地使所謂天下的連結性內在於自身，故這種天下的關聯捨棄
了個體之間主體性對立的側面。」[42]

　　戴震所到達的這種對於人欲的肯定，在方向上並未改變朱子學
以來理先氣後的人性論和天理觀的指向性，這與二者之間具體論點
上的對立和揚棄並不矛盾；克己在清代理觀中完成了它從一己之內
的主觀向萬人普遍的客觀的轉換，從克盡己私向承認人欲合法性的
轉換，從以理為一的一元論向分理的多元論轉換，都是由於時代課
題的轉變使然。但是這種種轉換並未切斷中國歷史的基體，這也正
是溝口《屈折與展開》的主題。

　　通觀這部名作，它的結構似乎有些難以把握。上論的兩章基
本上以李卓吾為中心展開分析，核心命題在於「不容已」和「無善無
惡」的思想史理路與社會基礎；下論則由四章組成，第一章由李卓
吾與東林派的異同談起，分析了表象上的對立之下所掩蓋的複雜思
想傳承關係；接下來的三章，處理了黃宗羲《明夷待訪錄》的歷史
地位、清代前期理觀的形成、中國式自然法的特質及其展開，這三
章內容討論的專業問題具體方向各不相同，看似與上論並無直接關
聯。如何把握這部著作的整體結構，曾是一度困擾我的難題。只是
在編譯溝口著作集的過程中，對他一生著述的完整閱讀才使我得以

42　溝口雄三：《屈折與展開》，東京大學出版會，頁313。

找到破解這個難題的線索：這部看似鬆散的著作有一個環環相扣的內在理路，它討論的是中國明代後期以來的歷史過程中逐漸成形的以人為重心的天理，亦即「存人欲的天理」，如何在嚴酷的歷史過程中以血的代價奠定了近現代中國的基礎。

《屈折與展開》一書以李卓吾的「飢餓感」開頭，以「中國式自然法」結尾，是一個「曲折」的展開結構。這個論述展開的內在理路是：個人的欲望因人而異，從基本的生存欲望到不加節制的占有欲望，如何為它們確定合理性的邊界？在自上而下的儒家倫理不再能夠主導社會的時候，新的倫理觀面對的問題是如何在解放個人生存欲的同時，使它合乎共存共生的歷史要求；李卓吾以「不容已的童心」作為基本思路，畢生追求如何在萬人萬象的形而下層面建立思想原理，以自我欲望與他人欲望相輔相成的方式建立新的社會機制；對他而言的最大敵人，不是欲望本身的難以操控性格，而是以道德名義壓制和掩蓋欲望的外力。李卓吾把不容已的本心最終推向了「至善者無善」的境地，消解了分別之心，在學理上，他在推進無人無己這一「萬物一體」境界的同時，確立了千佛萬佛不能同的形而下之理；在現實中，他雖然引發了激烈的論戰並招致傷風敗俗的罪名，但是卻以激進的方式確立了市井小民生存欲的正當性。在關於李卓吾的討論中，溝口並未過多著墨於李卓吾面對的兩難問題──他對於穿衣吃飯這一人倫物理的肯定，依靠什麼樣的媒介才能真正轉化為他所期待的人人各得其所的社會秩序？李卓吾認為這是可以自然出現的局面，顯然這是過於一廂情願的烏托邦設想；排除了外在制約，僅僅依靠「回歸」人的自然本心，顯然無法自動生成和諧的社會秩序，這是李卓吾未能完成的思想與現實的課題；而在

其後的論述中，溝口雖然也把討論引向了明末尖銳的社會矛盾，卻最終由於他的討論主要集中於思想史的學理並過於關注如何回應島田虔次的西方式論述，從而削弱乃至消解了李卓吾思想課題的內在矛盾。

溝口在上論中有意無意迴避的這個問題，在下論中得到了相當程度的鋪陳。雖然他關於清代的思想史分析不再援引李卓吾，但是作為一條伏線，李卓吾在明末沒有能夠解決的那個個體欲望與整體和諧之間的矛盾問題，在下論中成為顯在的主線。溝口在論述戴震的新理觀時，指出這樣一個饒有興味的問題：「作為客體的己，須去除與作為他者總體的天下之間的阻隔，這便是『復禮』的必要，這便是『禮』之所以成為『至當不易之則』的緣由。」[43]

在朱子和明末清初人物那裡，「己」都是主體概念。溝口認為，當戴震把個體的己之欲置於與天下所有人的關係當中來認知的時候，這個個體被轉化為一個客體概念。因此，在相對於顏元主張在己的內部克欲的意義上，戴震主張欲的正當性，因為它是社會化的產物。同時，這一欲究竟是「血氣之自然」即正當的生存之欲還是「欲之失」即過度膨脹妨礙他人的欲，並不取決於一己之內的判斷，而是取決於與他者之間的關係。換言之，欲望作為個人的血氣和心知，它的內涵並不是固定的，它正當與否，取決於所處時代的社會關係。

但是在另一面，這個存在於社會關係中的己，仍然擔負著主體的責任，這就是「復禮」；只是這個主體只有在社會關係中才能履行

43　溝口雄三：《屈折與展開》下論第三章，東京大學出版會，頁308。

他的這分責任。從李卓吾到戴震，中國思想史經歷了從自上而下的「一理」到橫向聯結的人人之理這一轉化，它轉化了對禮的認識，復禮之「禮」出於性情本身，而不是來自外部的規範。欲之所以正當，是因為「一人之欲，天下人之所同欲也」[44]。如同上文所涉及的「道」與「心」包含了人的感情在內一樣，「禮」也離不開個體與天下同欲的關懷。在戴震那裡，克己復禮並不是通過精神上的道德自我完成使天下歸仁，而是在天地生生之道中，遂己之欲，亦思遂人之欲。這就是戴震那個時代的「仁」，也是「為仁由己」的主體「己」在與他人的關係中才能達成的社會責任。

在清代新理觀的延長線上，溝口展開他最後一節論述：「中國式自然法的特質及其展開」。可以說，這是溝口筆下的李卓吾帶著我們走過漫長的思考之路後，最終抵達的境地。

中國式自然法，是溝口不願使用又不得不使用的概念。他在強調了中國不具有歐洲意義上超越性的自然法之後，勉為其難地使用了這個概念。在1970年代後期，以非歐洲的思路研究中國的法與社會秩序體系的成果尚未成熟，儘管在思路上與溝口有相當交集的著名中國法制史家滋賀秀三的《中國家族法原理》已經問世，但是他的《清代中國的法與審判》尚未出版，而且下一代如寺田浩明、岸本美緒等優秀的中國法學家和經濟史家的重要研究成果尚未問世，所以，溝口關於中國自然法的討論是在缺少相應資源的情況下進行的，它的完成度顯然不如他的李卓吾研究；但即使如此，這一

44　戴震：《孟子字義疏證》卷上，〈理〉，《戴震哲學著作選注》，中華書局，1979年，頁65。

章在整部著作中的位置依然是重要的，因為它提供了理解整部著作的方向感，也提供了理解溝口一生工作的方向感。

自然法本是起源於歐洲的概念，它是以人的自然本性為基礎的正義法則，在歷史上一度被與神的教義結合，因此具有高於不同時代實定法的權威性格；近代以後的歐洲自然法觀念強調了理性人的重要，平等、自由這些歐洲現代觀念也融入了自然法範疇；假如望文生義地理解，中國歷史上並不缺少建立這種自然法的條件，如果把相應的概念置換為「天理自然」，那麼中國似乎也有自己的自然法體系。

作為溝口的前輩學者，丸山真男在他的《日本政治思想史研究》中把朱子學的思想視為中國封建時期的「自然法」，並認為朱子學的自然法思維是使人的社會秩序從屬於外在自然的「靜態思維」，是缺少變動的社會特有的產物。丸山以日文訓讀的方式閱讀了朱子語類等著作，這使他對於「天理」「自然」的理解不自覺地依從於日本漢學的理解；同時，丸山研究的重點並非宋代的朱子學，而是日本政治思想史，所以他雖然談及了中國的朱子學，但是在很大程度上，他是在日本朱子學的視角下處理中國的朱子學。丸山的影響力使溝口不能不對他關於中國式自然法的看法進行回應，這大概也是溝口何以不得不使用「自然法」這一概念的緣由。正如溝口對把李卓吾視為個性解放先驅提出質疑一樣，他認為，中國式的「自然法」也完全是另外一種東西，由於它自身的特質，沒有必要一定稱之為「自然法」。所以可以說這一章在很大程度上是針對日本的學界狀況展開的。

溝口的質疑基於下述兩點認識：首先，他指出在中國沒有一個

超乎現實生活之上的形而上「法的世界」，換言之，中國即使有法的現實，也沒有法的思想，如同霍布斯和盧梭等人所建立的關於法理或契約社會那個理性的世界一般；中國的天理自然，在在都滲透到形而下的社會生活之中，它們實際影響並轉化為現實政治的道德準則，並且在不同時代具有不同內容，單純地抽象討論不具有思想功能；所以，這是一種並不超越於現實社會生活的「超越性價值」；其次，他指出中國的「自然法」是對於「本來」與「合當」這一朱子所確立的道德範疇的堅持。這種道德秩序，其內涵大於「應然」或「當為」的範疇，具有諸如人在水中不能呼吸而魚則須在水中存活之類的「只能如此」的性質。

　　基於上述兩個理由，溝口認為，從郭象把君臣關係喻為手足上下到朱子認為君臣關係為「義合」，從呂坤認為社會等級秩序為「定分」，再到戴震批評統治和特權階級的「分理」，中國的「自然法」始終以自然而不是人的理性作為基點，在此意義上，溝口把戴震的「仁」視為中國自然法的終結點。戴震認為「由血氣之自然，而審察之以知其必然，是之謂理義」[45]，把人的自然之欲歸屬於必然，亦即歸屬於具有強烈整體道德內容的「理義」，這在方向上拒絕了所謂主體的個性價值命題。戴震的主體是消解於整體和諧之中的主體，在這樣的主體之中期待著打破現實中等級秩序的個性原理，當然會落空，而丸山所強調的以人為的作為為標誌的現代性的產生，似乎也無從談起了。

　　但是，溝口做了如下的一段總結：

45　戴震：《孟子字義疏證》卷上，〈理〉，《戴震哲學著作選注》，頁111。

不過，我們反而要矚目於這一天意之必然相對於人意而具有的傳統性優勢。從手足上下到義合，從義合到定分，再從定分到相互聯結之仁，這一發生在中國式自然法內部的本來‧合當思想的推移變化，使得人的自然自動地符合了天理之自然。說得極端一點，可以說這是天理或天意之必然在實質上的推移變化。……當這種實質契合於現實不斷改變其內涵，同時又沒有喪失它作為所謂天意的自然法的優勢、特別是相對於人為實定法的優勢，在這種情況下，我們反而可以從中找到對於現實的人為秩序的破壞性契機吧。[46]

或許，從李卓吾到戴震，明清思想家並未給我們提供可以套用的思想模式。不過，在溝口從李卓吾在風雪之夜吞食黍米飯開始引導我們一路走到戴震的血氣心知之自然的思想旅途中，一個模糊的主題卻逐漸清晰起來。李卓吾認為可以自然出現的人人各得其所的和諧社會構想，最終被轉變為根據天意之必然而不斷重新安排社會秩序的變革要求。在長時段的中國歷史中，我們最終發現的，不但是「社會主義」的邏輯，而且是「不斷革命」的邏輯。這正是中國歷史的基體，亦即被分有的法則。

這個依靠通史的眼光才得以呈現出來的歷史軌跡，使得溝口最終把目光投向了王朝解體之後的現代中國乃至當代中國，他跨越了很多表象上的斷層，試圖謹慎地逼近歷史內在的機理。隨著思考的延展，他以思想史家特有的敏銳，定格了一個重要的歷史瞬間，這

46　溝口雄三：《屈折與展開》下論第四章，東京大學出版會，頁357。

個瞬間就是辛亥革命。他關於辛亥革命的獨特論述，雖然僅來得及在晚年完成最初的論文，在某種意義上卻是他一生求索的結晶。如果把溝口著作集作為一個整體來閱讀，那麼，辛亥革命以及他尚未來得及討論的1949年的建國革命，都將是展現中國歷史基體的最多彩的瞬間。透過這些重要的歷史關節點，中國歷史的基體在溝口筆下呈現為一個完整的動態過程，它的起承轉合給我們提供了理解今日中國的有效途徑。

五、鄉里空間與鄉治運動

在沉潛於李卓吾的同時，溝口也細緻地研究了李卓吾的對立面東林派在明末的思想與實踐。這種雙線式的思考路徑使得他的明末思想圖譜富有立體感，在東林派對李卓吾的討伐中提煉出無法用思想對立所窮盡的社會史命題。

《所謂東林派人士》是溝口早年的另一部力作。在這部著作裡，他對學界東林派研究中的某些定論提出了種種質疑，例如東林派代表中小地主的利益、對民眾有同情心、在政治上對抗宦官政治、在思想與學理上反對無善無惡論等等。溝口認為，這些定論僅僅抓住了問題的某一部分表象，卻既不能有效解釋東林派的矛盾，也無法回答東林派人士與時代關係這一根本性的問題：就前者而言，東林派何以在同情弱小者的同時堅決鎮壓奴變？何以在反礦稅等鬥爭中參與民變，卻又對反抗大鄉紳的民變採取鎮壓措施？就後者而言，在明末劇烈變動的歷史時期裡，東林派的作為是否因為其中堅力量對李卓吾的迫害而可以被歸類為「封建專制」？溝口把上述問題在

轉折期的社會史視野裡重新定位，提示了下面的分析思路：

明末里甲制開始解體的時期，王土與民土的對立成為尖銳的矛盾。東林派代表了當時鄉村地主中希望強化地主階級整體利益的一派，他們通過向朝廷爭取鄉村治理的自主性，通過並非分權的「自治」努力，達成了鄉里空間的確立。在以善堂善會等相互扶助機制為基礎的鄉村生活中，民與王朝（國家）的關係並非是單純對抗的；毋寧說，中國歷史走到近代，已然形成了官、紳、民之間複雜的互動關係，而鄉村生活的運作，是以鄉紳階層為中間力量推動的。鄉約和禮儀作為鄉里空間的秩序機制，比來自外部的行政和律法更具有現實的約束力。隨著戰亂與社會流動的加劇，這種以宗族為基礎的地緣社會也組織了地方的武裝即團練，這些軍閥的前身作為地方武裝，既可以參與剿滅太平天國，也可以促成清朝的毀滅，並在辛亥革命時期起到過複雜的作用。在不得不打開國門面向現代世界的過程中，中國近代歷史中始終貫穿了「天下」與「生民」的潛在邏輯，鄉村社會的這種特性，以辛亥革命為媒介，型塑了其後的現代國家，也打造了對於「社會主義」的需求。

作為前近代中國思想史研究的大家，溝口對於清末民初之際的研究比重不大，而對於民國時期的研究則更為有限。但是，他對於中國歷史的認識，卻是一個完整的結構，這個結構當然也包含了當代中國的歷史。在溝口看來，中國在辛亥革命之後花費了三十八年的時間才完成了建國的任務，這個時間的長度說明了中國在歷史轉型期所承載的重負──這是一個在列強威逼之下完成轉型的艱難過程；而日本從甲午戰爭到侵華戰爭之所以可能得逞，都僅僅因為其實質是這個特定轉型時期的「乘人之危」之舉。溝口不僅對於日

本這個不光彩的侵略行為有嚴厲的批判，更從歷史學家的角度對日本內部軍國主義的思潮發出過警告：日本社會對中國的傲慢自大態度，是以中國特定歷史時期為前提的，這個時期日本乘人之危的所作所為是可恥的，何來誇耀的資本！而當這個歷史時期已經結束，亦即當中國歷史的轉型已經完成之際，日本不可能再重走當年的軍國主義老路，也不可能以東亞大國自居，日本應該找到自己的合適位置，合乎實際地成為一個「小國」。[47]溝口這個近二十年前的警告，今天顯現了比當時更為真切的現實感，這或許正是他歷史眼光的最好體現。

清末民初的辛亥革命是中國社會發生巨大轉變的節點。通常這個「資產階級革命」被視為不徹底的革命，同時在歷史脈絡中被定位為中國現代歷史的起點。但是，在溝口這裡，這個定位被進行了調整。對於溝口來說，辛亥革命是自十六世紀後期開始的儒教向民間滲透這一漫長歷史過程的一個到達點，它完整地執行了自己所擔負的歷史功能；辛亥革命在種種挫折和失敗當中依然充分地展現了這三百多年間中國社會積累起來的那個向量：以鄉里空間的鄉治活動作為基礎，結構了以省為單位的政治、經濟、軍事力量，在省獨立的口號之下，以鄉村地主為主體的地方勢力並不以取代清王朝而是以脫離清王朝作為自己的政治目標，東部和南部各省實現了獨立。與以往歷史上的情況不同，辛亥革命的動力並非來自叛軍，而是以各省的「團練」為主體的地方武裝力量。誠然，這個「中央缺席」的

47　溝口雄三：〈小日本與二十一世紀〉，《中國研究》96-1，中國研究月刊雜誌社，1996年1月。

革命時期只是一個短暫的歷史瞬間，然而溝口卻注目於這一短暫的歷史瞬間所具有的特定意義。他指出：「辛亥革命的歷史特徵之一就是採取了各省獨立的形態，但所謂『獨立』，就是各省的權力脫離清朝統治體制，就是因省的脫離而導致的中央集權的王朝統治體制的瓦解。這種瓦解帶來的空白亟待填充，革命後，各種各樣的國家構想在中國大陸紛紛湧現。」[48]

或許正是在這個短暫而混沌的瞬間，中國歷史顯示了它不同於歐洲歷史的特定邏輯。這個邏輯在明末清初之際已然形成了社會共識，在整個清代依靠禮教等社會秩序、通過「萬物一體之仁」等意識形態，逐漸地聚集起地方社會以自己的主體之力實現「鄉治」的基礎。鄉治並非西方意義上的地方自治，它不是一個針對王朝體制的對立政治形態，它與王朝和官僚體系的關係毋寧說是不確定的甚至有時是互動配合的；它不是一個以政治權力為指歸的運動，它的核心是對於鄉里空間經濟生活本身的運營。在王朝體制並不能有效保障鄉村生活的情況下，鄉里空間的鄉治運動以士紳地主為主導、以鄉約為紐帶，利用善堂、善會等等義舉推動公益事業，並逐漸形成了以團練為主的地方武裝力量。當歷史學家注目於清朝政府的腐敗無能和黑暗專制之時，這個鄉里空間在中國大陸關鍵的區域中漸臻成熟的過程卻被忽略了。正是在這一意義上，溝口不能認可把清朝描繪成黑暗的腐朽的歷史時期，它正是鄉里空間走向成熟的母胎，孕育了中國現代社會的基本形態。

---

48 溝口雄三：〈中國思想史・第四章　動盪的清末民初時期〉，《中國的歷史脈動》，三聯書店，頁268。

　　歷史學界對於鄉里空間和鄉治運動的功能不夠強調，自有它的道理。自清末開始，中國的有識之士就在亡國滅種的危機意識推動下發出了否定傳統的啟蒙之聲，禮教的黑暗部分在五四時期被放大到了極限。鄉里空間的鄉治運動，其本身並非是有序的和定型的社會組織形態，更何況在鄉治過程中承擔了重要功能的團練，很快就發展為地方軍閥勢力，在現代中國對它的負面評價是壓倒性的；因此，在辛亥革命之後隨著軍閥混戰和後來的抗日戰爭，鄉里空間與鄉治運動被現代獨立建國的大趨勢所吸納，「隱形」到了救亡運動之後。意識形態上的中國論述與鄉村現實生活之間，失掉了傳統社會那種密切的關聯性，這個錯位本身即反映了一種歷史的真實：在直觀意義上依靠傳統社會的鄉治秩序，已經無法應付現代社會劇烈變動的現實，帝國主義的入侵與建立獨立主權國家的必要性，已經迫使中國的知識菁英和政治菁英放棄傳統的意識形態，改用另外的話語系統。

　　但是，話語系統的改變並不意味著歷史現實的改變。正是在這個意義上，溝口的思想史研究提出了一個嚴肅的認識論挑戰：是否可以僅僅依靠一個時代的主流話語判斷那個時代的基本狀況？在〈另一個五四〉、〈禮教與中國革命〉等等論文中，如何區別五四時期知識分子基於危機意識所生產的敘事和現實之間的錯位關係等等命題已經被溝口明確地提出，而在收入中文版《中國的歷史脈動》中的〈辛亥革命新論〉和〈動盪的清末民初〉中，他正面強調了這個問題。禮教秩序所包含的「吃人」的側面是歷史的真實，但是禮教秩序所具有的相互扶助功能也同樣是歷史真實。問題在於，即使在現代動盪的戰爭時期，這種吃人與互助的側面也是以各種方式糾結纏

繞在一起的；如果我們記起溝口所說的那個關於本體的定義——內在於各個事物的、被分有的法則——並且謹慎地對於事物的表象進行分析，那麼，很容易觀察到一個基本的事實：在進入二十世紀之後，甚至在鄉里空間在形態上已經被破壞的今天，中國傳統社會中的那個基本的向量也依然沒有消亡。它只不過改變了形態，也吸納了傳統社會缺少的某些現代要素，但是它依然左右著中國社會的基本走向。這個向量，就是關於共同富裕和勸善懲惡的訴求。

溝口有一個耐人尋味的觀察：在被視為對傳統進行了徹底破壞的文化大革命時期，中國社會恰恰把禮教社會的倫理規範發揮到了極致。所謂集體勝於個人、紅勝於專、人治勝於法制、公勝於私等等價值判斷，正是儒教倫理規範的極端表現，只不過這些倫理規範的內容被換成了現代革命話語而已，價值判斷本身卻沒有改變；按照溝口的這個思路繼續推論，那麼當改革開放遭遇了種種困境之時，儒學邏輯的復興就並不是件突兀之事，而當代中國對於和諧社會、相互扶助機制、家庭倫理等等的強調，難道不是鄉里空間曾經賴以維繫的意識形態的現代版本麼？

溝口對於辛亥革命那個特定瞬間的關注，因此便獲得了思想史的意義。歷史並不總是直接顯現它自身，只是在一些危機飽和的瞬間，它突然呈現內在於它的那個向量，並暗示了其後的走向。當辛亥革命告一段落，中國革命進入下一個階段的時候，人們很容易忽略這個瞬間與其後的歷史之間表面上的落差，並因此合理地把現代中國思想接軌到西方現代的社會思想論述中去；而從這個瞬間出發的溝口，卻在總結了自己長時段歷史研究的基礎上，給出了一個不同的思路。

　　溝口在辛亥革命前後的文獻中，特別賦予了孫中山的《三民主義》以重要的位置。他在多篇論文中都強調同一個觀點：《三民主義》直接承續了中國傳統社會的政治理念，把「大道之行也，天下為公」作為自己的政治目標。孫中山的民生主義強調的是四萬萬人的豐衣足食，提倡的是公天下的原理，他甚至說民生主義就是社會主義、共產主義，也就是孔子所希望的大同主義。同樣，孫中山的民族主義主張的是抑強扶弱，壓富濟貧，專為世界上的弱小者伸張公道打不平；孫中山認為中華民族的真精神就在於用公理戰勝強權，成一個大同之治，它的基礎在於傳統固有的道德和平精神。更加耐人尋味的是孫中山的民權主義思想。他認為中國的民權不等於西方的個人權利，它的核心是平等，而不是自由。何以見得？因為中國自古代封建制度被破壞之後，專制淫威就不能達到普通百姓那裡，人民對政府、對皇帝只有納糧這件事，除此之外，只要人民不侵犯皇位，就不會受到干涉。因此，與歐洲從中世紀的專制體制中產生出對自由的渴望相對，中國民眾並沒有感到自由的匱乏，但是卻深知貧窮的痛苦。因此他們不關心自由，只關心發財。孫中山認為五四時期鬧學潮的青年學生沒有搞清楚中國的基本現實：「中國自古以來，雖無自由之名，而確有自由之實，且極其充分，不必再去多求了。」[49] 但是，這樣的自由並不等於政治權利，它不僅是非政治的，而且於國家爭取自由的事業有害。中國民眾的這種「一盤散沙」的自由狀態，從清末開始就受到啟蒙思想家和活動家的抨

49　孫中山：《三民主義・民權主義　第二講》，《孫中山文集》上，團結出版社，1997年，頁157。

擊，孫中山的民權主義思想集中體現了這個認識。他認為中國所缺少的不是個人的自由，而是民族的自由，為了改變人民一盤散沙的狀態，必須如同向散沙中注入混凝土一般地注入民族主義，結果自然是人民的自由受到限制，而國家可以對外獲得完全的自由。當國家獲得了自由之後，才有可能實現孫中山所追求的民權政治，即以「四權」為政權（政權即由四萬萬民眾所掌握的監管政治的權力）、以「五權」為治權（治權即由政府機構執行民眾的政治意志）的政治形態。誠然，孫中山對政權與治權的設想有明顯的烏托邦性質，但是值得注意的是，這個烏托邦卻具有重要的現實認知功能：孫中山在中國的現實政治極度混亂的時刻，依然清醒地依靠這一政治構想有效地指出了西方民主政治的不徹底性。時至今日，不能不承認，孫中山對於西方民主政治的分析仍然沒有過時，假如沒有他關於政權與治權的設計，對於民主政治的分析將是不到位的。

《三民主義》作為一個連續對公眾進行的講演，是一個極為深入淺出的文本。從這個文本的行文中可以觀察到一個重要的特徵，就是在20年代初期的中國，面對民眾的政治演說，利用的是傳統的儒學道德觀念。這不僅說明了受眾的價值取向，而且極為形象地表現了中國傳統思想在轉型為現代理念時的基本特徵。孫中山不僅把來自法國大革命的自由、平等、博愛對應性地用來說明了民族、民權和民生（這個對應本身已經打破了直接挪用西方觀念的可能，使這些概念轉化為不同的涵義），而且更重要的是，他表現出了一個政治家在使用概念時的歷史眼光。孫中山抓住了一個核心問題，那就是中國傳統社會中王朝統治的模式並不是全面的專制，而是把專制限制於保證納糧和不推翻王朝統治這兩個方面；換言之，傳統

社會的專制並不到達社會生活的層面。人民所受之苦，因此主要不是不自由之苦，而是貧窮之苦。事實上，這正是鄉里空間得以發生和發展的條件，也是民眾反貪官不反皇帝的心理基礎。孫中山在論述民權的時候，跳過了一個關鍵的環節，這就是如何把中國民眾這種自由但卻缺乏政治能力的散沙狀態轉化為他所期待的由四萬萬人通過四種權力而控制的、處在五權分立的「治權」之上的「政權」；顯然，這不是國家獲得了自由、民族得到了解放之後就會自然生成的狀態。但是，比起這個當時無法完成的思想任務來，更為重要的是，即使在那個尚未完成建國事業的歷史階段，孫中山也已經透澈地指出了中國歷史演進的獨特狀態，這就是中央集權（或曰不充分集權的專制）與地方分權（或曰非分權的自治）的錯位結構。這個結構之所以錯位，是由於這種「中央」和「地方」的關係既不是直接對抗的，也不是有序結合的，它是一個充滿了不確定空間的流動性結構。正如溝口所反覆論證的那樣，在宋代以來新的天人合一意識形態的整合之下，天譴的道德壓力對於王朝及其龐大的官僚體系形成了某種震懾；隨著里甲制在事實上開始瓦解和一條鞭法的實施，到了明末，隨著皇帝權力與地主制統治的現實之間的矛盾與對立，以及大小地主之間、地主與佃戶、奴僕之間矛盾的表面化，再加上工商業的興起，原有的君·官—民的一元化意識形態已經無法對應多樣化的矛盾了。[50] 到了清朝中葉，地丁銀制的確立進一步鞏固了鄉村地主的權利，相對於中央集權—地方分權的對立方式，鄉紳等地方菁英游動於官—民之間的不確定形態使得鄉村社會擁有了自行處

50　溝口雄山：〈兩種陽明學〉，《李卓吾·兩種陽明學》，三聯書店。

理各種公共事務的能力，作為對應新形勢下社會矛盾的歷史選擇，鄉村菁英的主體性運作逐漸擴展為基層社會的「鄉治」。鄉治是一種並非分權的分權、並非自治的自治，它以處理中央集權官僚系統無法處理的公共福利性事務為目標，卻不把推翻中央集權或者對抗中央集權作為自己的任務。如果考慮到孫中山所強調的中國民眾不關心自由而關心發財的基本狀況，鄉治以公共福利事業為主，以保全地方安全為要，它的這一原則便可以得到充分的解釋了；至於鄉里空間與中央政權的關係，正如宗族與鄉紳通常代行國家權力末梢的功能一樣，鄉里空間與國家權力之間的連續性和相互利用的功能大於緊急時刻才會發生的對抗功能。當然，這個相互利用的功能絕非是玫瑰色的，士紳與地方官的勾結所產生的腐敗黑暗，給鄉村自治的「善舉」結構蒙上一層陰影，這也正是五四主流意識形態攻擊的目標；但是如果追問鄉里空間在結構上的功能，那麼問題還不能到此止步——在歷史上，中國的鄉村社會使王朝國家的末端機制內在於自身內部，遙遠的中央政府對傳統鄉村社會而言，只有在納稅徵糧的時候才是不可抗拒的、甚至才是真實存在的。即使是發生了匪患民變等等動亂，甚至發生了鴉片戰爭那樣的國家間行為，鄉村社會也往往依靠自己的武裝力量解決；隨著鄉紳力量的不斷壯大，鄉村社會的日常運營，可以把「官」捲入自身的系統，甚至連地方官分內的日常政務，有時候也由「民」主動地進行干預和推動。[51]正

---

51 參見寺田浩明：〈明清法秩序中的「約」的性質〉。他在文中提到一些史料中記載的事例。例如台灣銅鑼灣八庄的聯庄庄首在同治十年向淡水分府知府提出「具稟」，向官府提出：因「規殘而俗敗」，致使地方治安惡化，故經合議，舉李生員為約首，取締匪徒維持治安。為此，當拘捕匪徒出現殺傷等意外時，

是基於這樣的基本狀況，寺田浩明才進行了下面的分析：「日常生活中反覆出現、力圖把一定範圍內的人們『約』到一起的無數『首唱和唱合』行動，實際上同時支撐著『國法』和『私約』這兩個表面看來極不相同的領域，並使命令和合意這兩種不同的原理在社會現實中交錯結合起來。……如果把『國家』的存在放到這個層次來看，則統治的內涵也可以理解為無非就是『首唱』和『唱和』而已。」[52] 考慮到上述種種情況，當歷史走到清末，溝口何以如此關注辛亥革命之後那個「中央缺席」的歷史瞬間，並賦予這個歷史瞬間以獨特的意義，其理由當是不言自明的了。

　　溝口的中國思想史研究，就是在這個特定的中國政治結構中獲得了現實意義。從朱子學的存天理、滅人欲和格物致知，到陽明學的心即理、致良知；從李卓吾的童心說，到東林派的反無善無惡論；從黃宗羲的自私自利論到顧炎武的天下興亡匹夫有責，再到戴震的克己復禮；中國思想史在動盪的歷史中蜿蜒曲折地通向了「萬物一體之仁」的理念。歷代中國思想家面對這個逐漸形成的不充分集權的獨裁與非分權的鄉治之間的錯位關係，面對這個無法用集權與分權表達的特定政治結構，才形成了中國思想迥異於歐洲思想的特定發展脈絡。中國的民眾在非政治的自由狀態中執著於天理的政

為防止官府作為殺人事件處理，要求官府發給李「約首論戳」公印。對此，地方官最初表示接受，但最終以假公濟私之嫌駁回。再如，寺田還舉出另外一個例子，即參加抗租的佃農聚集數千人抬碑直豎縣門，迫使縣官承認其訴求，並將其作為可行的慣例而刻石立碑。《權利與冤抑　寺田浩明中國法史論集》，北京：清華大學出版社，頁148-149、頁170。

52　寺田浩明：《權利與冤抑　寺田浩明中國法史論集》，北京：清華大學出版社，頁178。

治倫理性格，逐漸形成了不同於西歐也不同於日本的道德性政治意識，在這種政治意識的引導下，值得注意的基本特徵是：內在於人倫世界的政治倫理意識（天理自然）總是高於具有人為性質的行政制度或法律，這個為中國民眾分有的法則，至今仍然以潛移默化的方式活在中國社會之中。

或許溝口從中國思想史的走向中讀出的信息過於樂觀，他自己似乎也意識到了這個問題。他說：「不僅是戴震的時代，即使是進入了民國的二十世紀，超越人為的理高於人為的法，以及對『理天』的如此樂觀主義的傳統也許會令人吃驚，但是對『理天』的這種樂觀主義與初期馬克思主義者對所謂的『歷史的必然』的樂觀主義基本是同質的。這一點恐怕是不容置疑的。天在這裡，是人民的理的天性中前定和諧的條理，它的先天的至善性，它的超越人為的性質作為歷史的必然為人們帶來了對未來的信任。」[53]

毋庸贅言，中國社會無論是傳統時代還是近現代，從未真正實現過知識分子在論述中所設想的那個萬物一體之仁。相反，中國的歷史是沉重的，充滿著戰亂、災變與動盪。承受著歷史重負的「生民」，並沒有在直觀意義上呈現「滿街皆是聖人」的景象；他們為了生存而相互依靠相互扶助，也為了生存而勾心鬥角；而以宗族為基礎的鄉紳階層，在通過鄉約和善舉維持鄉里空間運營的同時，也建立了自身的權力機制，培養劣紳特權的土壤同樣存在於鄉約這個龐雜的體系之中。寺田浩明提供了關於在擁擠的電車上「推來擠

53　溝口雄三：〈天人合一中的中國獨特性〉，《中國的思維世界》，三聯書店，頁302。

去」的社會意象，非常生動地提示了現實生活中的動態平衡是以何種方式維持的；同時還指出：在史料中大量出現「人心不一」這個語彙。這不僅提示著眾口難調的現實狀況，也提示著人心善變的動態特徵。正是在這樣一個具有高度流動性的社會空間裡，實定的制度安排並不能真正實現其約束力，中國的社會秩序以情理、習慣乃至風俗作為基體維持著它的動態平衡。法律和契約，在此意義上只是第二義的。儘管生民並非個體地奉行天理，但是使他們結合起來的邏輯卻是天理。法制史學者給我們提供了一個線索，從另一方面支持了溝口思想史關於天理自然結構的假說。滋賀秀三在大量案例分析的基礎上，提出了這樣一個關於傳統社會民事審判和民間契約的看法：「把『法』視為相互爭執的兩個主體之間權利義務的嚴格準則，力圖將這樣的準則實定化並上升到能夠對應市民生活的一切局面，給那裡可能發生的任何糾紛都以明確裁定的完備體系——簡而言之就是關於實定性私法體系的基本觀念，在中國本來就根本不存在，或者說即便有些萌芽也沒有可能生長的環境。」同時，就政權而言，司法作為行政管理的一個環節，行使的是作為民之父母的皇帝通過官僚機構實行的社會管理功能；地方官雖然擁有一定的強制力，但在「聽訟」過程中主要依靠的是建立在情理之上的判斷。聽訟，在中國是一種教諭式的調節，它不會產生對於嚴格而完備的法律準則的需求。[54]

　　日本幾代中國法制史學者，從法學的角度與溝口的思想史視野

54　滋賀秀三：〈清代訴訟制度知民事法源的考察〉，收入論文合集《明清時期的民事審判與民間契約》，法律出版社，1998年，頁84-85。

產生了交集，並從不同的角度推進了同一個問題意識。法學家們證實，契約作為社會組織原理，在中國缺少發展的空間，大量流動性的契約行為，最終被深層的情理邏輯所吸納。溝口終其一生所追究的，正是這個情理邏輯的內涵。法學家們不約而同地注意到，在這種以教諭作為調節基礎的行政系統中，儘管一方面有著高度發達的刑法（這也正是李卓吾在《道古錄》中所詬病之處：統治者不能使天下之民各遂其生時，才不得不依靠政刑之用），但是治理國家的邏輯，卻不是政刑合一的方式本身，而是「情理」亦即天理自然。溝口論述中國歷史基體的著眼點，正在於這一治理國家的基本邏輯，透過種種亂象和黑暗，他捕捉到中國歷史的脈動——順應民意即多數人之私的要求，是明清以來以鄉紳階層為主體的民以各種方式對於王朝逐漸滲透的整體趨勢；官僚行政系統與士紳和生民之間結成的不確定的動態關係，在這種逐漸滲透的過程中產生出各種變體。從法學家們在明清時期民間訴訟和定約的個案研究中，我們可以清楚地觀察到，官與民的關係在中國，並不僅僅是簡單的統治與被統治的關係，而是遠為複雜的「相互利用」關係。不僅民的一方在某些情況下可以利用官的威懾力和資源盡可能地達成自己的意願，官的一方也同樣試圖利用民的習慣和訴求來有效地達到自己的治理目標。所謂「鄉里空間」，並非僅僅是實體意義上的農村村落，它更是一個統合了官、紳、民錯綜複雜力學關係的政治場域。不言而喻，在這個政治場域裡，由於天理自然通過道、心、誠、條理等等範疇滲透到社會生活的價值觀中去，遂產生了追求以「不齊之齊」為基礎的「前定和諧」的意識形態，它的潛移默化，影響著一代又一代中國人。在此需要關注的倒不是中國社會是否由此消除了各種不平

等、不公正和不道德，而是另外一個問題：正是這種前定和諧的意識形態，使得西方式以個人權利和對等的契約關係為基準的社會原理，不可能也不需要在中國萌生。

　　在以往的分析思路中，這種現實狀況被視為「落後」的標誌。近代以來幾代中國知識分子也一直致力於把個人權利和契約精神作為社會組織原理導入中國。問題在於，即使中國在現代戰爭和戰後冷戰格局的逼迫之下不得不國民國家化，那種依靠天理自然自下而上地與國家行政系統發生盤根錯節關係的「鄉治運動」傳統也不可能真正消失，在鄉治傳統中形成的社會構成原理，也就是溝口所探討的中國歷史的「基體」，在今天也仍然是中國社會生活的基礎。而隨著歷史的變化，當年孫中山在《三民主義》的系列演講中提出的那個對於西方三權分立體制的質疑，在今天也正在逐漸變成共識。契約精神作為社會結構原理，並不能有效解決公平公正的基本問題，傳統中國強烈的「前定和諧」的政治倫理觀念，暗含著對當今世界具有重要價值的基本要素，問題在於，我們如何有效地提取它和轉化它？

　　溝口在晚年進入清末民初的思想史研究之後，僅僅來得及提出一個粗略的設想，來不及如同早年研讀李卓吾、分析朱子學與陽明學、東林派的關係那樣力透紙背地展開分析。因此他關於辛亥革命的研究以及對於當代中國的展望，不免失之於粗略簡單，同時也因此忽略了天人合一的政治觀在當代社會中的複雜變形，以及萬物一體之仁的政治理想在現代政治系統中所占位置的變化。中國在十九世紀之後受到外來侵略的壓力而不得不被動地向現代世界開放，這個基本事實決定了中國不再可能僅僅依靠傳統社會的政治、經濟

秩序和意識形態維持社會的運作，它不得不把很多外部的要素納入到王朝系統內部；同時，辛亥革命之後歷史的走向，也決定了中國需要探索不同於傳統社會的發展途徑。但是我認為溝口所指出的那個基本的向量依然是準確的，而且是關鍵性的。在他關於近代中國的有限論述中，最值得注意的是下述兩個基本視野：第一個視野是：中國近代以後的建國之路，實際上是天下與生民、國家與國民這兩對原本矛盾的範疇在極度嚴苛的國際關係中急速地合二為一的過程；這就意味著中國人傳統的天下觀（把傳統的天下觀直接附會為現代意義上的「世界」或者「國際」是有問題的，在此沒有篇幅討論，故省略）與國家觀在現代合為一體，「天下」作為百姓們「匹夫有責」的生活空間，作為百姓們日常生活的倫常底線，在現代更多地被投射為國家功能；而現代國家的主權意識和管理體系的覆蓋、掌控能力，也拉近了國家與百姓的距離，從而使國家與國民意識更多滲透到社會各個層面；但與此同時，中國人的國民意識中仍然濃縮著具有「生民」色彩的社會與文化取向，這意味著中國人的社會生活包含了比國家維度更為多元的層面。國家與天下的結合，使得國家不得不承擔道德教化功能，並被期待在政治、經濟領域裡更多地實現「天下為公」的理想；而國民與生民的結合，使得社會生活層面不合規範甚至不合法的恣意行為異常發達，這些恣意行為固然對於社會秩序的安定有妨礙，但是，反過來看，恰恰是中國社會今天依然承續的生民特徵中積極的一面，使得中國的國民不斷強化著主動的和自發的相互扶助機制。無論是地震水災等大的自然災害發生時中國人表現出的互助精神，還是平常狀態下對於弱勢群體的自發救助扶持，這些通常被歸為「好人好事」的社會現象，體現的恰

恰是鄉里空間的生民特有的道德本能。儘管在改革開放之後，對於競爭的提倡和政治腐敗的問題致使社會的道德底線嚴重下降，但是，恰恰是在這種情況下，我們可以清楚地觀察到今日中國社會的一些基本機制：由政府主導的「社會主義核心價值觀」的提倡，強調了和諧、誠信與善意等等日常生活倫理，它面對的是如何以道德的方式糾正政治治理漏洞這一亙古常存的課題；而中國的國民在不斷學習「法制化」的同時，卻仍然保持著不經由既定程序而依靠道德感覺直接解決問題的習慣。借助於溝口提供的第一個視野，我們可以更準確也更有彈性地謹慎對待中國社會在現代國家機制日益完善之際依然潛在地存活著的這些天下與生民等基本要素，思考和尋找有效發揮其正面效應的途徑。

溝口提供的第二個視野，是關注傳統社會向現代轉型的時候，引入西方政經制度和文化要素的方式，換言之，就是傳統社會機制在進行自我變革的歷史時刻所發揮的功能。他在一些論文中初步涉及到了傳統在轉換外來要素時的作用。例如〈天下與國家、生民與國民〉中談到劉師培無政府主義的內容主要是反對地方自治和代議制，而其真意則在於對本地士紳掌握了地方主導權將有可能導致劣紳苛政的警惕；在〈一個反「洋務」派的記錄──關於劉錫鴻〉中則以劉錫鴻為例，指出反洋務派未必是保守派，反倒可能是非常了解西方的有識之士。而劉錫鴻之所以反對在中國搞歐洲式的洋務，在於他認為中國的國情會把西方之長在照搬照抄的過程中變成自己之短。促使劉師培倡導「無政府主義」的原因，並不是中國已然形成了具有政治主體性的「市民社會」，而是因為劉師培深知「地方自治」可能形成地方上惡霸專權的惡劣局面；促使劉錫鴻反洋務的原

因，也不是他具有國粹思想，而是因為他了解，中國當時吃飯問題尚未解決的困境不可能依靠引入西方制度和技術的方式化解。而在〈被扭曲的近代中國像〉中，溝口則援引被視為洋務官僚的南海知縣徐賡陛為例，分析了他何以關閉工廠抑制豪戶專利的原因；至於張之洞與梁啟超的對立，則並不僅僅是官權與民權的對立，更是兩種不同的國家觀的對立。這些分析提供了一個初步的視角，提示我們，當轉折期的中國開始把「天下」納入「國家」之時，各種不同立場的官僚與社會菁英面對的是同一個問題：清初的封建論經歷了整個清朝，以地主階級在進入穩定期之後被回收進權力末端的形式，成為了既成事實；但是這種從底層強化了王朝權力的「地方自治」，多是以在經濟上腐蝕公權力或者公權力私有化的形式完成的，它並不意味著形成了上下有序配合的有機體。這種局面在清末引起了洋務派和反洋務派、變法派與革命派的共同憂慮，他們開出了不同的藥方，但是在根本上，卻是相互緊密關聯的。正是在這樣一個困境中，清末中國朝野對於西方議會制度的理解，基本上是在明末清初封建論背景下進行的，因此，晚清關於議會制的討論，常常依賴於鄉士、里正、里老、鄉約這樣一些語彙，而議會制在中國激發出來的問題，正是中國本土困境的延伸。[55] 這一困境的核心在於：注重萬物一體之仁的傳統政治理念，借助於排斥專私的民間訴求，得以在明末開始打造出合天下之私為公的社會形態與認知形態；然而不斷強調公天下的道德性政治觀、以及不斷使地主士紳階層在事實上

55　上述幾篇論文均見《作為方法的中國》，東京大學出版會，1989年；三聯書店，2011年。

介入基層體制政治的結果，卻並不能有效解決如何才能真正實現「各得其所」的大同社會問題。在清末，所謂洋務派與反洋務派都對富民專利表示了警惕，這個問題不能僅僅被歸結為「阻礙了資本主義在中國的發展」或者「中央集權的專制」；應該說，對於皇帝大私的批判與對於地主富民獨占的警惕，在清末形成了特有的意識形態，來自西方的議會制度在這個歷史時刻引發的矛盾態度，顯示了當時官僚與菁英階層中清醒者的洞見。顯然，中國鄉治運動的成果與隨之而來的劣紳階層的危害，不能用所謂「市民社會理論」或者「平等的個體之間的契約關係」等西方社會的構成原理來解釋，也不能奢望可以通過資本主義市場競爭的方式加以解決。這種困境最後導致了辛亥革命以「聯省自治」的形態爆發，也為其後中國建立現代國家、實行中央集權的政體形態造成了特有的難題。

　　中國的歷史人類學學者們所進行的大量田野調查，有說服力地證實了溝口的假說在方向上是準確的。溝口在從陽明學的「心即理」到李卓吾的「不容已」的思想圖譜中，在明代中葉之後中國思想家群體的激烈論辯當中，看到了儒家政治理想從王朝和官僚階層向民間社會的滲透和發展，看到了天理自然的觀念從自上而下的意識形態轉變為自下而上的民眾生活權利的表達；溝口從東林派的鄉村治理實踐、從黃宗羲抵抗皇權卻並不否定王朝政治體制本身的姿態中，讀出了中國十六世紀以來的歷史走向，看到了里甲制解體與城市手工業與商業的興隆並非意味著中國走向資本主義，高度流動的社會狀態與鄉里空間的日益成熟，帶來的是錯綜複雜的政治治理形式，在西方可以用國家與社會加以區分的二元體系，在中國歷史中卻構成相互滲透的不確定關係；溝口從顧炎武關於天下興亡的論述

和戴震的克己復禮解中，讀出了萬物一體之仁作為中國的「自然法」的內涵，他看到了一個基本事實：中國社會始終不能背棄的，正是這個世世代代傳承下來的「天下為公」的理念；正是在上述的思想脈動之中，溝口探索著歷史深處那個不可視的向量——它決定著中國在經歷了辛亥革命以來的劇烈社會結構變動之後，如何創造出現代國民的「天理自然」。

今天，中國的鄉里空間僅僅在形態上趨於瓦解，但是鄉治運動卻在多元性空間（不僅在城市空間，甚至在體制空間）裡以不同的面貌悄然再生。假如克服直觀意義上的傳統與當代的類似性比較，那麼，有個緊迫的課題就會逼到我們面前：各種形態的「鄉治」元素，在今天的中國社會如何才能克制它的恣意性，從而盡可能地作為「正能量」發生作用？從北宋到南宋時期就開始困擾著中國思想家的道德如何成為政治原點的棘手課題，至今仍然沒有找到有效的解決方案，但是，顯然僅僅依靠引進外來的制度、甚至僅僅依靠各種制度操作，是無法解決這個問題的，對它的分析要求縝密的思辨能力與豐富的歷史想像力。溝口不會再為我們提供新的解釋了，他只是留下了一筆並非直觀的思想遺產。解讀這筆遺產，找到新的思考進路，這已經不是溝口的課題，而是我們的責任。

後記

　　本書的寫作，實屬意料之外的收穫。

　　記得大約是十年之前，幾位熱切地想要閱讀溝口雄三思想史的朋友「綁架」了我，讓我牽頭組織對溝口先生著述的系統翻譯。當時，我正埋頭於鑽研丸山真男的日本政治思想史研究，並且試圖透過丸山政治思想史推進對於西方政治學理論中一些基本問題如何在東亞語境中進行轉換的討論，需要閱讀與思考的問題很多，有些「硬骨頭」十分難啃，正在漸入佳境卻未及目標之時，所以根本不願意從中脫離出來去做一件風馬牛不相及之事。不過，溝口先生是我敬仰的先生，而且催促我做此事的朋友也是我很尊重的朋友，這件事情無論如何無法推卻，我也就半推半就地應承下來了。

　　應承下來之後，我花費了不少時間讓自己進入狀態，閱讀溝口的主要著作，四處尋找合適的譯者，並且最終得到一群朋友的加盟。對溝口著作的翻譯，是我們大家合作的成果，我真心地感謝這些在繁忙的工作中參與翻譯的朋友們。

　　由於我最初的拖延，致使陸續出版的八卷本《溝口雄三著作集》在溝口先生離世之後才問世，這使我直至今日仍然無法釋然。缺少必要的專業訓練，是我沒有迅速完成這項工作的最主要原因；在校

改譯文的過程中，我發現為了判斷一些基本的問題，需要我自己先行補課去閱讀原典才能完成。不知不覺中，我放下了占據意識中心的日本思想史基本問題，開始進入了溝口先生的思維世界，不知不覺之中，我開始了一個始料不及的自我訓練。這是個相當漫長的過程，雖然當譯文問世的時候，溝口先生已經長眠，但是對我而言，這個過程才剛剛開始。

在剛開始組織翻譯的時候，我僅僅把它視為一項關於中國思想史研究的學術工作，因為找來找去找不到願意取代我做此事的人，我只好硬著頭皮上陣，並沒有意識到我自己將在這個過程中發生變化，在精神上獲得巨大的收穫；後來，同樣是因為找不到可以寫作導讀的人，我又一次硬著頭皮上陣寫了導讀，在導讀與譯本同時付梓的時候，我才意識到，我已經進入了一個溝口先生創造的精神世界，而我對它的理解還很膚淺。所以，我決定重新來過，在翻譯完成之後，我要再一次面對溝口的思維世界，追尋他思考的足跡。

本書就是這次追尋的產物。雖然我仍然不自信自己呈現了溝口思想史的基本輪廓，但是，我卻通過這次追尋獲得了一些真實的知識感覺：在意識的深層，中國思想史與日本思想史裡的基本問題，以高度差異的方式發生了接觸，並且構成了不能相互取代卻能高度重疊的奇妙結構。我無法說出這種感覺，我只是感知到了這個過程實實在在地發生，並且在不斷延展。

或許造成了這個感覺的媒介，是我對李卓吾的閱讀。溝口早年曾經深深地沉浸在李卓吾的精神世界裡，為了理解溝口，我也買來李卓吾的文集，並且特別重點閱讀了《焚書‧續焚書》。我說不清是溝口幫助我進入了李卓吾，還是李卓吾幫我進入了溝口，漸漸地，

李卓吾「於倫物上識真空」的方式對我發生了潛在的影響，我感覺到溝口的中國思想史大門突然對我敞開了；而走進這個大門，李卓吾看上去紛亂雜陳、多姿多彩的思想海洋，也突然在溝口這一神奇的探海神針誘導之下閃現了一條容我進入的理路。隨著深入李卓吾的精神世界，我開始理解了溝口思想史的特質，這也是我在本書上篇中論及的溝口認識論的特質：它以不立論的方式立論，以不容已的方式求真。

回過頭來看，這一探尋的過程給予我的，並不僅僅是解釋的拓展。我開始理解了使用概念但並不依靠概念這一工作方式的內涵。人們常常喜歡說擺脫西方理論概念的束縛，深入溝口思想史的過程讓我體會到，擺脫西方理論的束縛，並不是在概念層面可以完成的工作。是否使用西方概念，並不是檢驗是否擺脫西方概念束縛的標誌，這種現象層面的直觀理解是膚淺的。真正擺脫西方理論概念束縛的標誌，不在於是否使用西方的各種觀念，而在於這些觀念既不能成為論述的前提，也不能成為依靠的對象。溝口並不忌憚使用西方理論的概念，但是這些觀念不構成他論述結構的關節點；而構成他論述關節點的那些關鍵概念，例如不容已，例如鄉里空間，例如宗族、善舉、鄉治運動，都不是他安身立命之所。與他筆下的李卓吾同樣，溝口一生都在追尋著無可安身的立論，所以，進入溝口的精神世界，與進入李卓吾的精神世界一樣，只能用得魚忘筌的態度，在使用概念的同時否定它。

經歷了這個過程之後，我逐漸獲得了一種自覺，開始更為謹慎地對待歷史，對待思想史。而這樣的態度引導我重新回到對於日本政治思想史的討論中來的時候，我感覺到了自己對待史料的閱讀與

理解發生了變化。這種變化進而打碎了我對於「中國」與「日本」的感覺方式，進一步強化了我在尊重各自不同的歷史脈絡的同時探尋深層相通問題的自覺意識。這種雙重的結構意識，原本在進行日本思想史研究的過程中已經初步形成，藉由溝口思想史的「訓練」，我獲得了進一步的自覺。

歷史是人的歷史，人的歷史不僅僅是權勢者與菁英的歷史。盡管我們不得不使用菁英製造並流傳下來的話語來進入歷史，但是這並不意味著菁英的話語等同於歷史本身。是溝口思想史讓我找到了解決這一問題的途徑，我意識到，其實菁英史與民眾史的對立只有在淺表層面才是成立的，在進入人的歷史之時，最要緊的不是使用什麼樣的概念，而是依靠什麼樣的知識感覺。

溝口思想史引導我重新建立了中國歷史的感覺，也將重新引導我進入日本思想史。對我而言，這個過程剛剛開始，前面的風景會是什麼，我很期待。

本書的草成，要感謝很多人。首先是當年迫使我進入溝口思想史的幾位朋友，沒有他們，我可能不會下決心做這個艱苦的工作；其次，要感謝催促我完成此書的上海交大出版社與東京大學出版會，他們對我提供了寬大為懷的截稿期限，讓我可以有相對充裕的時間完成書稿；最後，我特別要感謝中國社會科學院哲學研究所的陳明博士，他在自己繁忙的科研中擠出時間，兩次通讀了文稿，並提出了中肯的意見。從引文的錯誤到表述的不確，陳明博士給予我無私的幫助，這讓我深受感動。希望我的努力可以彙報他們的好意，希望讀者與同行給我指教和批評。最後，僅以此書向溝口先生在天之靈彙報，作為我沒有及時完成溝口文集翻譯的些微補救。

溝口雄三談中國研究的
認識論問題

　　我自己要做的工作，就是要認識到中國歷史它自身發展的那個緩慢性，和它的整個過程裡面包含的許多挫折。如果用一個長期的歷史視野呢，至少比如說，以一百年為單位，把中國的近代，從1850年到1950年作為第一個單位，從1950年到2050年作為第二個單位來看歷史的話，那麼即使僅僅在這兩百年的時間範圍裡面，我們也已經看到了中國歷史的那個變化。這個變化如果我們有足夠的耐心讓它慢慢地呈現自己的輪廓，那是最好的——但事實上不太可能。第一是存在西方的干涉，不斷的外來入侵使得中國自身的發展規律被打破了，於是引起了一些過大的焦慮，這個過大的焦慮、過強的焦慮體現在第一個一百年裡面。第一個一百年裡面我們看到了中國知識分子過度地強調了外來干涉的那個力量，以至於他們忽略了本身歷史進程當中的那個內在的動力。那麼接下來第二個一百年呢，我們看到中國在不斷的外來干涉和內在的調整當中，它試圖繼續它自己的歷史進程。這個歷史進程，如果我們有足夠的耐心的話，其實最後我們會發現它是由內在的原理所主導的，且在這第二個一百年裡面，我們看到實際上中國正在改變世界史的格局。在第一個一百年裡面我們看到的是整個亞洲不斷地慘敗的歷史過程，在

第二個一百年裡面，我們看到中國作為亞洲的主導性力量之一，它再改變亞洲這個被動的格局；而日本在這樣一個過程裡面充當不了主導的力量。這實際上是一個人類史的視野，把這些東西都呈現出來，就是我本身拼命要完成的工作。至於它是不是被看成文化本質主義，是不是被看成一種價值判斷，那是第二位的事情。

我們現在來看整個世界範圍內的知識分子，硬件和軟件都出了問題。在硬件上，中國學被看成一個地域性的學科，只有少部分人做研究，特別是在西方，基本上沒有什麼位置；在軟件上，研究者的主體，他為什麼要去研究中國，這個問題實際上是非常嚴重的。在這個情況底下，如果你要讓我說的話，我認為「全世界的歷史學家全都應該要研究中國」：研究中國不是目的，而是通過去觀察中國，你可以重新考慮人類歷史的那個結構性的問題。因為中國這個文明圈持續了四千年，它一直沒有被破壞，就是說它一直在持續，跟西歐那個羅馬帝國中途解體的狀況非常不一樣，所以它不會出現西歐那樣的民族國家群，那麼在這個沒有解體的文明圈裡積累了龐大的資料，這些資料從來沒有被正確地閱讀過，這是一個最基本的知識狀況。在這個知識狀況裡面呢，我在東京大學確實做過一個制度性的改革，就是把從前在東大被細分為文、史、哲這三個互不相關的部分聯合起來，組成一個叫做中國文化思想史研究會的組織，把文、史、哲打通了。但是這個制度性的努力不重要，我真正要做的事情：是讓大家把中國作為一個多面體，來進行觀照，真正的主體性在於你如何去面對這樣一個對象，它有它自身的邏輯，是一個運動的、文明的對象。

　　中國作為一個文明圈的特徵，就是它的王朝持續了幾千年，而這個王朝在清末被摧毀並不是由於外在的力量，而是由於內部的民間的力量。怎麼樣看這樣的一個歷史進程？清末民初的時期，是日本明治要結束，快要進入大正時代的那樣一個階段，日本人認為，你看我們明治都結束了，我們已經進入大正了，我們非常地現代化了，而中國才剛剛把這個封建王朝給摧毀，所以他們很落後，這是日本人用他們自己的那個時間感覺去看中國的歷史。日本人的時間感覺基本上是以十年為單位的，它會呈現完全不同的一些特徵。日本人就沒有學會用一種比較本色的，那樣一種狀態去面對歷史，他們總是裝腔作勢、拿出各種有色眼鏡去看。我們現在要做的事情其實就把這有色眼鏡摘下來，比如說你會發現，從封建王朝的解體到1949年建立現代意義上的統一國家，這個中國歷史沿革過程實際上是有它文明圈的內在特徵的，它是一種文明的內在特徵。

　　美國的學者在討論帝國，中國也被描繪成一個帝國，但是這樣的工作其實它有一些歐美的、西方的最基本的看法在後面。這個看法最大的特徵，就是它過小地估計了中國民間的那種結構歷史的能量，它基本是從上到下這樣地來看。中國催毀王朝到後來建立新的國家形態的這個過程，裡面最基本上的動力是民間的力量。但是這民間的力量你怎麼去分析它，你給它一個什麼輪廓，這個是需要討論的。現在在西方視野裡邊，它基本上被組織進「如何去解釋一種類另類帝國」的論述裡面去，這樣的話，這個民間真正的能量得不到充分的體現。還有一個問題是，就歷史學來說，中國歷史留下了一個文獻的寶庫。在這個意義上，這個寶庫，甚至是像印度的歷史文獻都沒有辦法比的。那麼我們如何去發掘這個寶庫，給它應有

的位置呢？這其實是一個人類史的重要課題。現在這個工作做得不夠，不僅是不夠，方向上是不對的。所以我現在是在認真地——我不是在開玩笑，我是在認真地說——全世界的歷史學家都應該來研究中國。

如果中國一旦超過了美國，那麼一切的知識結構立刻就會被打翻、立刻就會倒轉。因為其實知識的問題是一個政治的問題。但是有一點，我們現在正在做那個準備，有一天這個結構靠著現實的國際政治關係被打翻的時候，你有沒有知識的準備就會受到考驗。我們是在為那一天做準備。所以在那之前，其實我們不必考慮需要歷史來解決的問題。

比如說在中國十六世紀開始出現了善堂、善會，這個本來一開始是一種規模很小的民間組織，它的動機最主要的是道德性的；當然後面也有個人的利害關係在裡面，但是在輪廓上它基本上是屬於道德的範疇。後來它漸漸擴大了，變成了一種間接的政治機能，而且它後來變成了社會組織的一種基本力量。所以你從這個角度來看，像梁漱溟曾經講過，對中國人來說，權利不是自己來要求、自己來主張的，權利必須是被賦予的，就是你的權利呢必須是由別人來決定的。他為什麼這麼說呢？是因為中國人在考慮個人權利的時候，他永遠在一個人際關係裡邊來考慮這個問題，你必須為他人著想，然後你才能夠判斷你自己的權利可以主張到、可以強調、可以維護到什麼程度。這不是講你個人放棄你對權利的要求，而是講你必須在你個人的人際關係裡邊來確定。因為後面有這樣一種以善堂、善會為標誌的倫理系統和政治的結構原理在，所以才出現這樣

一種中國式的對於權利的理解。對於這樣一種社會組織的功能，其實我們現在缺少理解，於是才會出現這樣一種情形：大家把人權、自由、平等這樣的一些西方概念，很空洞、很抽象地拿過來，來向中國提各種要求。實際上無論人權、自由還是平等，這樣的一些概念它們其實都是一個歷史的產物，它們是在歐洲那樣的一個歷史過程中出現的，它不是一個空洞的和絕對的標準，它必須被歷史化。就像中國社會裡邊的善堂、善會，以及權利要由他人賦予這樣一套道德標準和政治組織系統，它也是歷史的產物一樣，所有的概念都必須被相對化和歷史化以後，它才是有內容的，才是真實的。所以在這個意義上來說，我們認識中國的歷史過程裡暗含的那些原理性的元素，是有助於幫助我們再重新認識現在通行的一些價值判斷標準的，它的問題究竟發生在什麼地方，是可以幫助我們糾正這樣一些認識論的問題的。

比如說民間的力量這樣一個詞，你即使只是把這樣一個概念拿出來，它在中國的語境和歐美的語境裡邊的涵義也是不一樣的。那麼就歐洲的民間力量這樣一個概念（當然這不是歐洲的關鍵詞，比較相近的應該是市民社會概念），在歐洲的語境裡，它意味著相對於國家體制之外的那樣一個獨立的社會空間以及這個空間裡的社會動力。在中國的歷史語境裡是不存在這樣的空間的，中國這個所謂的民間力量，它同時結合了官、民和紳這樣的社會階層，它把他們結合在一起，有的時候它是相互矛盾的。比如說民可能是反官的，但有的時候民是親官勾結的，或者說民是利用官的，那麼仕紳階層扮演的角色也是各不相同的。但總而言之，在中國不能夠找到一個非常清楚的體制、反體制這樣的結構。在中國的歷史現實裡，在那

個最基本的結構裡，「體制與反體制」其實是不重要的。我們必須做這樣一個區別，就發現即使是同樣一個範疇、同樣一個概念，在不同的歷史語境裡，其實它的內容也是不一樣的。

恐怕現在我們還面對一些最初步的課題，這個初步的課題就是，我們過於忽視了這個歐亞大陸的歷史特徵和它的社會結構特徵。比如就日本的知識界來看，日本的知識界過於強調了歐洲、西歐和日本的這個歷史結構的相似性，並且把它普遍化。但是歐亞大陸作為若干個文明圈的聯合體，比如說中華文明這樣一個文明圈、印度文化、還有伊斯蘭文明，幾個文明圈的結合體，它在歷史結構上具有不同的特徵。那麼就中國歷史看，一代代王朝延續的過程跟西歐的歷史結構非常不一樣。比如說西歐為什麼它會強調個人的權利，是因為它有世襲制，它有「階級」這種社會分割的結構方式，那麼在這裡邊，通過資產階級革命、通過對個人權利的強調，它的歷史才能夠往前發展。日本的情況也比較類似，就是它有長子繼承制、有世襲制，所以它也認為歐洲的這樣一種社會沿革過程，對自己是適用的，因為對亞洲也適用。但對中國來說，這個歷史過程並不會發生，因為中國不存在長子繼承制和世襲制這樣的傳統，它是諸子均分，而且中國的「階級」所具有的社會位置是非常不確定的。它的各個階層的社會位置可以不停地變化，而且底層也可以上升到頂層。它不存在西歐那樣的，很固定的階級結構方式，相反的它以宗族為最基本的社會結構單位，所以在這個過程當中，不會發生歐洲式的那種對於權利的，那樣一種方式的要求。所以呢，我們必須要對歐亞大陸所具有的另外一些文明方式，給予適合於它們自身規律的關注，現在這還是一些最初步的課題。

　　所以在做辛亥革命研究的時候，在整個閱讀史料的過程當中，我漸漸地產生一種很強烈的感動。這是對歷史本身那種強烈的力量，被它壓倒的時候特有的那種感動；或者更準確的說法是對歷史的那種敬畏之念，人在歷史面前是不可以輕狂的。所以作為一個研究歷史的人，在面對歷史這樣一個動態對象的時候，人必須很慎重，你不可以拿西方理論的標籤一貼，然後就算完了；或者說辛亥革命是一個不徹底的資產階級革命，所以它沒有成功。這是無法饒恕的對歷史的輕狂態度。

　　很多年前跟汪暉一起開會，一起住在旅館裡晚上聊天，當時汪暉說了讓我印象很深的一句話，他說《水滸傳》的歷史觀是「天」的觀念；而我是在讀《史記》的時候，感覺到《史記》的歷史觀是「天」的觀念。「天」的觀念是什麼觀念呢？那不是能夠用簡單的善惡進行裁斷的那樣一種歷史態度。歷史裡邊是讓所有的力量發揮到極致，在這種情況底下，你才能夠看到歷史的完整面貌。這就是我做中國歷史的時候得到的一種視野，這個視野確實不太能夠在日本的歷史裡邊發現。

節錄自〈面對歷史的敬畏之念——溝口雄三教授東方訪談〉，陳光興等編：《重新思考中國革命：溝口雄三的思考方法》，台北：台灣社會研究雜誌出版，2010年，頁177、178-180、181-183、199-200。

國家圖書館出版品預行編目（CIP）資料

探尋歷史的「基體」：溝口雄三的中國思想史研究 /
孫歌作. -- 初版. -- 臺北市：人間, 2016.03
216面；14.8 x 21 公分
ISBN 978-986-92485-9-4（平裝）

1. 溝口雄三 2. 學術思想 3. 思想史 4. 中國

112   105000651

焦點 01
探尋歷史的「基體」：溝口雄三的中國思想史研究

作者	孫歌
執行編輯	蔡鈺淩
校對	黃琪椿、陳良哲、蔡鈺淩
版型設計提供	黃瑪琍
封面設計	黃瑪琍
排版	仲雅筠
發行人	呂正惠
社長	林怡君
出版	人間出版社
	台北市長泰街59巷7號
電話	（02）2337-0566
傳真	（02）2337-7447
郵政劃撥	11746473・人間出版社
電郵	renjianpublic@gmail.com
定價	260元
初版一刷	2016年3月
ISBN	978-986-92485-9-4
印刷	崎威印刷股份有限公司
總經銷	聯合發行股份有限公司
	新北市新店區寶橋路235巷6弄6號2樓
電話	（02）2917-8022
傳真	（02）2915-6275